Crise – oportunidade de crescimento

Dados Internacionais de Catalogação na Publicação (CIP)
(Câmara Brasileira do Livro, SP, Brasil)

Boff, Leonardo
  Crise: oportunidade de crescimento / Leonardo
Boff. – Petrópolis, RJ : Vozes, 2011.

  Bibliografia.
  ISBN 978-85-326-2450-5

  1. Crise (Filosofia) 2. Espiritualidade 3. Fé 4. Igreja e
problemas sociais 5. Misticismo 6. Religião e política
7. Teologia da libertação 8. Vida espiritual 9. Vida religiosa I. Título.

10-10521   CDD-291.4

Índices para catálogo sistemático:
1. Espiritualidade como suposta à crise :
   Religião 291.4

Leonardo Boff

Crise

Oportunidade de crescimento

Petrópolis

© by Animus / Anima Produções Ltda., 2002
Caixa Postal 92.144 – Itaipava
25741-970 Petrópolis, RJ
www.leonardoboff.com

Direitos de publicação em língua portuguesa:
2010, Editora Vozes Ltda.
Rua Frei Luís, 100
25689-900 Petrópolis, RJ
Internet: http://www.vozes.com.br
Brasil

Assessoria Jurídica e Agenciamento Literário:
Cristiano Monteiro de Miranda
(21) 9385-5335
cristianomiranda@leonardoboff.com

Todos os direitos reservados. Nenhuma parte desta obra poderá ser
reproduzida ou transmitida por qualquer forma e/ou quaisquer meios
(eletrônico ou mecânico, incluindo fotocópia e gravação) ou arquivada em
qualquer sistema ou banco de dados sem permissão escrita da Editora.

Diretor editorial	**Secretário executivo**
Frei Antônio Moser	João Batista Kreuch

Editores	
Aline dos Santos Carneiro	*Projeto gráfico*: AG.SR Desenv.
José Maria da Silva	Gráfico
Lídio Peretti	*Capa*: Adriana Miranda
Marilac Loraine Oleniki	

ISBN 978-85-326-2450-5

Edição original em língua portuguesa:
Vida segundo o espírito, 1987, revista e ampliada pelo autor.

Com o título atual foi publicada pela Editora Verus em 2002.

Editado conforme o novo acordo ortográfico.

Este livro foi composto e impresso pela Editora Vozes Ltda.

 Sumário

Prefácio, 11

PRIMEIRA PARTE
A CRISE DE NOSSO TEMPO: RISCOS E OPORTUNIDADES, 13

I. Crise: ou mudamos, ou morremos, 15
    1. O princípio de autodestruição, 15
    2. O princípio cósmico de cooperação, 17

II. O significado da crise para a vida e para a cultura, 19
    1. A fenomenologia da crise: morrer e ressuscitar, 19
    2. Que é afinal a crise?, 26
    3. Crise como estrutura fundamental da vida, 29
    4. A fé como crise para a teologia, 42
    5. A teologia como crise para a religião, 46
    6. Comportamentos humanos diante da crise, 49
    7. Conclusão: "Todas as coisas grandes acontecem no turbilhão", 54

SEGUNDA PARTE
ESPIRITUALIDADE COMO RESPOSTA À CRISE, 57

I. Espiritualidade: dimensão necessária e esquecida, 59

    1. Visão convencional de espiritualidade, 59

    2. Visão holística de espiritualidade, 60

    3. Espiritualidade como dimensão antropológica, 64

II. Carisma: força cósmica e espiritual, 68

    1. Somos Terra que anda e dança, 69

    2. O caos generativo, 70

    3. O cotidiano e a imaginação, 71

    4. Cristo e carisma, 72

III. A vida espiritual como caminho, 75

    1. Caminho como per-curso, 76

    2. Caminho como um caminhar, 79

    3. Caminhando se faz caminho, 80

IV. Dois projetos de vida: o espírito e a carne, 82

    1. Fé e condição humana, 82

    2. Duas opções fundamentais: viver segundo a carne ou viver segundo o espírito, 86

    3. A coexistência da carne no espírito e do espírito na carne, 90

    4. "Escolhe a vida e viverás", 91

    5. O espírito que ressuscita a carne, 93

    6. O sentido fundamental da vida: ser Deus por participação, 95

    7. Aprendendo a ser, 96

TERCEIRA PARTE
ESPIRITUALIDADE E VIDA RELIGIOSA, 97

I. Os caminhos da vida religiosa, 99

1. Vida religiosa e Igreja local: redefinição das estruturas e do voto de obediência, 99

2. Vida religiosa e sociedade: redefinição da fraternidade e do voto de castidade, 102

3. Vida religiosa e submundo dos pobres: redefinição da missão e do voto de pobreza, 105

II. Dimensões permanentes da vida religiosa, 113

1. Experiência de Deus no seguimento de Jesus Cristo, 113

2. Consagração como reserva e como missão, 115

3. O caráter público dos votos, 116

4. A inserção na Igreja local e no submundo dos pobres, 118

5. Vida em fraternidade aberta, 119

III. Desafios emergentes para a vida religiosa, 121

1. Conhecimento da realidade e missão religiosa, 121

2. Carisma específico e inserção pastoral, 122

3. Contribuição específica da vida religiosa no processo de libertação, 124

4. Redefinição das obras tradicionais, 125

5. Aprofundamento da espiritualidade de libertação, 127

IV. A estrutura antropológica dos votos: um voto em três, 129

    1. O problema dos votos não está nos votos, 129

    2. Um único voto radical: a consagração a Deus, 130

    3. Os três votos detalham o único voto de consagração, 134

    4. O conteúdo essencial dos votos: o senhorio de Deus, 140

    5. Conclusão: mais que professar é viver a consagração, 146

V. Realização pessoal e obediência, 147

    1. Que é realização pessoal: representação e realidade, 147

    2. A vida situada: caminho para a realização pessoal, 154

    3. Autorrealização pessoal e as cruzes da vida, 160

    4. A parábola do boneco de sal, 162

    5. Obediência como audiência de Deus, 165

    6. Conclusão: o fim do caminho é caminhar, 166

QUARTA PARTE
ESPIRITUALIDADE, POLÍTICA E CONTEMPLAÇÃO, 169

I. Fé e política: suas implicações, 171

    1. Política social e política partidária, 171

    2. O que a Bíblia diz da política, 174

    3. A Fé e sua dimensão política, 176

4. Relação entre fé e política, 177

5. Conclusão: a memória perigosa de Jesus, 184

II. Libertação e vida religiosa, 185

1. Nexo entre libertação, comunhão e participação, 186

2. Libertação: tema da Igreja latino-americana e universal, 186

3. Teologia da libertação: crítica e animação de práticas, 196

4. Contribuição da vida religiosa ao processo de libertação, 201

III. Mística e política: contemplativos na libertação, 213

1. O choque espiritual: o encontro com Deus na classe pobre, 213

2. A diferença espiritual: a síntese oração-libertação, 215

3. Paixão por Deus na paixão pelo empobrecido, 219

4. Características da espiritualidade de libertação, 223

Conclusão: do casulo à borboleta, 229

Prefácio

Nosso tempo se caracteriza por uma crise generalizada que atinge os fundamentos das convicções estabelecidas, das culturas, das religiões, dos valores, das políticas e do cotidiano.

Como fazer luz no meio da escuridão ou do lusco-fusco? Para onde aponta a bússola da história? Faz-se urgente desenvolver sensibilidade, captar tendências e saber formulá-las. Elas podem ser marcos na caminhada para muitos que se sentem inseguros ou que buscam mais luz.

Estes textos foram escritos no contexto desta crise, aceitando os desafios que ela representa e as chances que oferece. Alguns deles compunham o livro *Vida segundo o Espírito* (1982), outros são fruto de debates e de conferências e estavam dispersos. Todos guardam as marcas do tempo em que foram concebidos, mas revelam um fio condutor sempre presente, conferindo unidade e coerência na concepção de fundo. Mesmo assim foram revistos e enriquecidos, garantindo-lhes pertinência e atualidade.

Uma convicção subjaz a toda esta produção: a crise, por certo, contém muitos riscos, mas também muitas oportunidades, porque ela sempre acrisola, purifica e liberta o núcleo de verdade presente nas práticas humanas em crise. Os cenários não são de tragédia, mas de libertação.

Para quem sabe cuidar e esperar, até o espinho vira flor e o chão seco, um vergel. Porque o Espírito que enche o universo está sempre em ação, especialmente hoje. Onde o risco é grande, grande também é a inspiração do Espírito em vista de um novo horizonte de vida e de esperança. As Escrituras cristãs atestam que o Espírito é vida (cf. Jo 6,33) e suas obras são amor, alegria, paz, tolerância, cuidado, cortesia, bondade e fidelidade (cf. Gl 5,22).

Não são esses os valores que buscamos ardentemente para fundar um novo pacto de convivência entre os humanos, com a natureza e com a Fonte originária de todo ser? São esses valores que tornam bem-aventurada e leve nossa breve passagem por este planeta.

Quem vislumbrou algo do Espírito tocou as fímbrias do mistério último de Deus e do ser humano.

Petrópolis, Festa de São Francisco, 2002.

Primeira parte
A crise de nosso tempo: riscos e oportunidades

I
Crise: ou mudamos, ou morremos

Hoje vivemos uma crise dos fundamentos de nossa convivência pessoal, nacional e mundial. Se olharmos a Terra como um todo, percebemos que quase nada funciona a contento. A Terra está doente, e muito doente. E como somos, enquanto humanos, também Terra ("homem" vem de *húmus* = terra fértil), nos sentimos todos, de certa forma, doentes.

1. O princípio de autodestruição

A percepção que temos é de que não podemos continuar nesse caminho, pois nos levará a um abismo. Fomos tão insensatos nas últimas gerações que construímos o princípio de autodestruição. Não é fantasia hollywoodiana. Temos condições de destruir várias vezes a biosfera e impossibilitar o projeto planetário humano. Desta vez não haverá uma arca de Noé que salve alguns e deixe perecer os demais. O destino da Terra e da humanidade coincidem: ou nos salvamos juntos, ou sucumbimos juntos.

Agora viramos todos filósofos, pois nos perguntamos entre estarrecidos e perplexos: "Como chegamos a isto? Como vamos sair deste impasse global? Que colaboração posso dar como indivíduo?"

Em primeiro lugar, há de se entender o eixo estruturador de nossas sociedades hoje mundializadas, principal responsável por esse curso perigoso. E o tipo de economia que inventamos com a cultura que a acompanha, de bens materiais e de consumismo não solidário. A economia é fundamental, pois ela é responsável pela produção e reprodução de nossa vida. O tipo de economia vigente se monta sobre a troca competitiva. Tudo na sociedade e na economia se concentra na troca. A troca aqui é qualificada, é competitiva e nada cooperativa. Só o mais forte triunfa. Os outros ou se agregam como sócios subalternos ou desaparecem. O resultado desta lógica da competição de todos com todos e da não cooperação é duplo: de um lado uma acumulação fantástica de benefícios em poucos grupos e de outro uma exclusão perversa da maioria das pessoas, dos grupos e das nações.

Atualmente, o grande crime da humanidade é o da exclusão social. Por todas as partes reina fome crônica, aumento das doenças antes erradicadas, depredação dos recursos limitados da natureza e um ambiente geral de violência, de opressão e de guerra.

Mas reconheçamos: por séculos essa troca competitiva conseguia abrigar a todos, bem ou mal, sob seu teto. Sua lógica agilizou todas as forças produtivas e criou mil facilidades para a existência humana. Mas hoje as virtualidades desse tipo de economia estão se esgotando. A grande maioria dos países e das pessoas não cabem mais sob seu teto. São excluídos ou sócios menores e subalternos, como é o caso do Brasil, embora por sua situação ecogeográfica e por seu povo altamente criativo poderia ocupar um lugar ao sol mais significativo. Agora essa economia da troca competitiva, onde quer que penetre e se imponha, se mostra altamente destrutiva. Ela pode, no limite, levar-nos ao destino dos dinossauros.

2. O princípio cósmico de cooperação

Ou mudamos, ou morremos: essa é a alternativa. Onde buscar o princípio articulador de uma outra sociabilidade, de um novo sonho para a frente? Em momentos de crise total e estrutural precisamos consultar a fonte originária de tudo: a natureza. O que ela nos ensina? Ela nos ensina – foi o que a ciência já há mais de um século identificou – que a lei básica do universo não é a competição que divide e exclui, mas a cooperação que soma e inclui. Todas as energias, todos os elementos, todos os seres vivos, desde as bactérias e vírus até os seres mais complexos, somos inter-retro-relacionados e, por isso, interdependentes. Uma teia de conexões nos envolve por todos os lados, fazendo-nos seres cooperativos e solidários, quer queiramos, quer não, pois essa é a lei do universo. Por causa desta teia chegamos até aqui e poderemos ter futuro.

Aqui se encontra a saída para um novo sonho civilizatório e para um futuro para as nossas sociedades: fazermos conscientemente da cooperação um projeto pessoal e coletivo, sermos seres de solidariedade e sinergia. Ao invés de troca competitiva onde só um ganha e os demais perdem, devemos fortalecer a troca complementar e cooperativa onde todos ganham. Importa assumir, com absoluta seriedade, o princípio do Nobel de Economia John Nash, cuja mente brilhante foi celebrada por um não menos brilhante filme: o princípio ganha-ganha, onde todos saem beneficiados sem haver perdedores.

Para convivermos humanamente, inventamos a economia, a política, a cultura, a ética e a religião. Mas nos últimos séculos o fizemos sob a inspiração da competição que gera o individualismo, a acumulação e o consumismo privado. Esse tempo deve acabar. Agora temos que inaugurar a cooperação que gera a comunidade e a participação de todos em tudo o que interessa a todos. Essa é a nova centralidade social, a nova racionalidade necessária e salvadora, fundada no *pathos*, no sentimento profundo de pertença e solidariedade, de familiaridade, hospitalidade e comensalidade entre todos os seres da natureza.

Se não fizermos essa conversão, preparemo-nos para o pior. Urge começar com as revoluções moleculares. Comecemos por nós mesmos, sendo seres cooperativos, solidários, compassivos, simplesmente humanos. Com isso definimos a direção certa. Nela há esperança e vida para nós e para a Terra.

II
O significado da crise para a vida e para a cultura

Vivemos hoje uma situação generalizada de crise que atravessa as culturas, as igrejas e as religiões. Muitos a lamentam e veem nela um elemento corrosivo dos fundamentos da esperança humana. Outros a saúdam como a ruptura necessária para a abertura libertadora de um horizonte mais vasto, mais cheio de vida e de vivência de sentido.

É próprio do tempo de crise o questionamento dos fundamentos. Própria também do tempo de crise é a sensação de que algo vai morrer, se corromper e se diluir. Não menos típica é a impressão de libertação, de alívio e de arrancada feliz para uma solução mais integradora de todos os elementos da vida.

Nos momentos de crise vive-se com especial intensidade o *kairós* (momento oportuno), onde o essencial comparece com mais clarividência. Tudo o acidental, derivado, meramente histórico-cultural e periférico, empalidece em sua consistência e validade. Busca-se o cerne do problema, que nos possa alimentar e assim superar a crise. Daí as paixões e as tensões que se verificam no tempo de crise. A dramaticidade, o desafio, o perigo. Mas também a chance de vida nova num outro nível e dentro de um horizonte mais aberto.

1. A fenomenologia da crise: morrer e ressuscitar

O que acontece numa situação de crise? Quais os comportamentos humanos frente à crise? Em que esferas da vida ela se verifica, cresce e se resolve? Qual é o sentido existencial da crise?

Desde o advento do existencialismo, especialmente com Søren Kierkegaard, fala-se muito em crise. O existencialismo apresenta a vida como uma crise permanente. Fora da crise a vida seria inautêntica porque sem problemas, inquestionável e objetivada. Parece realmente que a crise constitui um dado essencial da vida e das estruturas humanas. Onde há vida há crise de nascimento, de crescimento, de madureza, de velhice e a grande crise da morte. O mesmo vale para articulações mais vastas da vida humana e do universo. A teoria do caos dá conta deste dado fundamental: viemos de uma grande instabilidade e crise inicial, o *big-bang*. A evolução como expansão do universo representa o esforço cósmico de criar ordem na desordem e a partir da desordem. A partir dessa percepção se fala de crise da juventude, do matrimônio, da vida religiosa, crise moral, social, cultural, política e econômica. Qual é a estrutura fundamental da crise que se verifica na raiz de cada tipologia?

Tomemos como princípio heurístico do que venha a ser crise a situação que estamos vivendo atualmente na Igreja Católica.

O Concílio Vaticano II (1962-1965) veio trazer uma crise para a comunidade de fé. Até então havia uma longa continuidade na verbalização teológica da fé, nas expressões da piedade popular e litúrgica. A estrutura dogmática, como inteligência da fé e penetração racional dos dados revelados, parecia algo de firme, ao redor da qual se criara um consenso quase absoluto. A Igreja conhecia bem seus limites, sabia e determinava quem era quem (*Mystici corporis Christi*), o direito canônico possuía um caráter quase sacramental e validez inquestionável. A autoridade era ontocrática e acatada com grande veneração porque se supunha ser sempre assistida pelo Espírito. A Igreja como totalidade era sentida e vivida como mãe aconchegadora, um *mundus reconciliatus* dentro do *mundus divisus* das concorrentes relações de forças e ideologias. Ela era acima de tudo a *mater et magistra* da verdade. O sistema de convicções era aperfeiçoado até às minúcias da casuística da moral, do direito e da dogmática. Sabia-se exatamente o que era e o que não era verdade de fé, o valor moral dos atos, quantos pecados mortais podiam-se cometer na celebração da santa missa (76 pecados) e como o leigo e o religioso deveriam andar cristãmente pelo mundo sacro e profano. Segurança, proteção, unidade e consenso garantido pelas intervenções autoritativas do Magistério papal que exigia acatamento obsequioso interno e externo, caracterizavam a situação intraeclesial. Tentativas de questionamento desse sistema de proteções e defesas em nome do ajornamento, do diálogo com o espírito do tempo, e da comunhão entre as Igrejas, entre a fé, a teologia e o pensar filosófico e científico modernos foram com demasiada facilidade denunciadas como irenismo, comodidade, política da mão estendida, adaptação falsa a este mundo frente ao qual já Paulo advertia: "Não vos conformeis com este mundo" (Rm 12,2).

Algumas tentativas tornaram-se históricas, haja vista o liberalismo, onde o que hoje pertence aos direitos fundamentais da pessoa humana – como a liberdade de pensamento, a liberdade de consciência, a liberdade religiosa, a liberdade de informação, a liberdade democrática e outros direitos – foi excluído do sistema católico[1]. A mesma sorte

---

1. Cf. MONTALEMBERT, C. *Catholicisme et liberté*: Correspondance inédite 1852-1870. Paris: Cerf, 1970. • MONTALEMBERT, C. *Dieu et liberté*: Introduction et choix de textes par André Trannoy. Paris: Cerf, 1970.

conheceu o malcompreendido movimento modernista[2]; mais atenuadamente a assim chamada *Nouvelle Théologie*[3], onde teólogos do porte de um Jean Daniélou, Henri de Lubac, Jean Marie Yves Congar, P. Chenu, Karl Rahner e outros corifeus da renovação teológica atual foram ou demitidos de suas cátedras ou suspensos de teologizar em público. Posteriormente alguns deles foram reabilitados e feitos cardeais. Mas o trauma permaneceu.

Nisso o Espírito fez soprar uma lufada de vento pelas janelas da Igreja: o Concílio Vaticano II. O consenso criado autoritativamente pela Igreja de Roma mostrou sua pretensa consistência. Era frágil demais porque seus critérios eram demasiadamente sustentados no poder eclesiástico e parcamente no carisma e na espiritualidade. De repente a Igreja oficial percebeu que estava só. A teologia oficial de Roma não era a teologia da Igreja viva, espalhada e vivendo sua fé pelo testemunho e pela reflexão no mundo inteiro. De uma Igreja de consenso se passou para uma Igreja de tensões, pluralista, invadindo o próprio conceito teológico de Igreja, como está formulado no célebre número 8 da Constituição sobre a Igreja *Lumen Gentium*. A Igreja Católica não pode mais ser definida como sendo pura e simplesmente a Igreja de Cristo. Ela realiza de forma concreta a Igreja de Cristo com quem não pode, sem erro teológico, ser identificada

---

2. Cf. SCOPPOLA, P. *Crisi modernista e rinnovamento cattolico*. Bolonha: Il Mulino, 1969, p. 261-326. • POULAT, E. *Histoire, dogme et critique dans la crise* moderniste. Paris: Casterman, 1962. • POULAT, E. *Intègrisme et catholicisme intégral*. Paris: Casterman, 1969, p. 181s. e 513s. • STEINMANN, J. *Friedrich von Hügel*. Paris: Aubier, 1962, p. 319-454.

3. Cf. VORGRIMLER, H. & GUCHT, R.V. (org.). *Bilanz der Theologie im 20. Jahrhunderl 2*. Friburgo: Herder, 1969, p. 49-54.

tout court, porque é peregrina, simultaneamente justa e pecadora, meretriz e casta, sempre a caminho da conversão e da reforma. A Igreja entrou numa crise em que até hoje se debate. A crise não é tanto de fé, mas das expressões da fé, da linguagem, do horizonte de compreensão, do caráter litúrgico, dos comportamentos eclesiais. Um cristianismo expresso na linguagem sacral está cedendo lugar para um cristianismo encarnado na tecedura do mundo secular. Os cristãos têm consciência de sua autonomia profissional e científica; sentem-se livres da tutela doutrinária da Igreja. Isso não significa falta de adesão aos dogmas fundamentais da fé, mas tomada de consciência aguda de que as fontes de informação acerca da verdade moral e religiosa não se reduzem simples e exclusivamente à Igreja hierárquica oficial. O cristão de hoje sente-se adulto e quer gozar da liberdade a que Cristo nos chamou e que nos foi dada por ele (cf. Gl 5,1.13). Quer beber de outras fontes de saber, de verdade e de espiritualidade, cujo autor último é o Espírito Santo. O que aconteceu com o estourar da crise na Igreja?

a) A emergência da descontinuidade

O processo normal e estável na Igreja e da Igreja sofreu uma ruptura e uma cissura. O horizonte de compreensão se anuviou e perturbou os pontos de orientação. Pertence ao conceito integral de crise a obscuridade e o não poder ver claro. Tudo entrou num processo acelerado de questionamento. As convicções fundamentais se abalaram. Registra-se angústia, sensação de perda do chão debaixo dos pés. O fiel não sabe mais o que deve crer, a que se prender. Só sabe que, como foi até agora, não pode mais continuar. Não se modificou isto ou aquilo, mas todo o seu universo de convicções onde isto ou aquilo se situa. Rejeita-se o passado. Mas não se tem nada de sólido que o substitua. Psicologicamente o ser humano na crise vive um tempo de entretempo: tenta aqui, experimenta acolá, sem estar profundamente engajado porque faltam novas convicções. A descontinuidade é sentida e sofrida.

b) Crítica e desagregação da ordem

As estrelas-guias que nos orientam começam a se desagregar. A pessoa percebe que se encontra numa situação na qual não pode mais continuar. Esgotaram-se as possibilidades daquele arranjo existencial. As convicções que davam sentido a seus empreendimentos e criavam um cenário ordenado começaram a se desarticular. Urge romper, cortar laços e rasgar uma perspectiva nova. A crítica faz-se amarga. Num primeiro momento ela é negativa e demolidora. Começa-se por demolir para poder construir novamente. Por outro lado, a pessoa tem que viver e dar sentido às coisas. Faz-se mister uma decisão, capaz de criar certezas fundamentais. Se não houver uma decisão pessoal, a crise não pode ser superada. Intervenções vindas de fora, sem partir de uma maturação interna e valorizando as forças positivas da crise, são inoperantes, embora haja sido até o presente o modo mais comum como a Igreja oficial e também o poder político dominante tentaram resolver suas crises internas. Pouco se resolve. A crise é apenas protelada. Ela voltará com mais virulência, como a história o tem sempre mostrado.

Aqui aparece a dramaticidade da crise. O ser humano que deve decidir-se não pode fazê-lo de qualquer jeito. Porque não vê claro. Tudo se anuviou. Reina dúvida e ceticismo. Mas percebe que deve decidir-se porque sem sentido ninguém pode viver por longo tempo. A vida só é possível quando se constrói um arranjo existencial e uma articulação integradora dos fatores principais. A própria vida emergiu há bilhões de anos como auto-organização da matéria colocada longe do equilíbrio. Daí que numa situação de extrema crise a decisão irrompe como uma coação de dentro e de fora. Isso significa a necessidade de abandonar o mundo aconchegante das evidências anteriores, da domesticação e da personalização do meio vital. Urge criar não uma coisa nova no seu mundo, mas um mundo novo. E há ainda a incerteza da novidade e a necessidade de criar novos hábitos de pensar e de agir.

c) Construção de uma nova ordem

Se houver uma decisão firme, emerge aos poucos um horizonte e um novo universo de compreensão, livre, libertado e libertador. Por isso todo aquele que superou uma crise se sente nova criatura. Respira aliviado. Está livre. Um doente, por exemplo, quando a crise passou, entra "não raras vezes num eufórico estado de ânimo, do qual ele pouco ou nada percebe, mas que chama a atenção dos circunstantes"[4]. Um depoimento do célebre médico Plügge, que estudou especialmente as crises de ordem biológica, refere: "Depois do ataque, sinto-me totalmente transformado. E posso me agitar e movimentar-me interiormente de maneira a mim incompreensível. E então, apesar de grande lan-

---

4. PLÜGGE, H. "Über Anfälle und Krisen". Psyche, ano II, 407 apud BOLLNOW, O. F. *Pedagogia e filosofia da existência*. Petrópolis: Vozes, 1970, p. 46.

guidez e extenuamento, tudo é novo"[5]. Mas isso só se verifica, caso a decisão tiver sido de fato radical. Se ficar na ambiguidade, prolonga e ilude a crise. A novidade não surge, porque não houve ruptura nem descontinuidade. Passar por uma crise é experimentar o que significa morrer e renascer. Mas, superada a crise, irrompe um foco de forças novas que capacitam suportar tudo. Jesus entra em crise no Getsêmani. Tergiversa diante da traição, da dor e da iminência da morte. Decide-se. Essa decisão lhe confere forças inauditas para suportar todas as torturas e por fim a crucificação.

2. Que é afinal a crise?

Os dados fenomenológicos acima deslindados apontam para a estrutura fundamental da crise[6]. A origem filosófica

---

5. Ibid.

6. Sobre o tema existe farta literatura. Apontamos aqui alguns títulos mais significativos: BOLLNOW, O.F. A crise. In: *Pedagogia e filosofia da existência*. Petrópolis: Vozes, 1970, p. 37-65. • FURTER, P. As diversas aceitações da noção de crise. In: *Educação e vida*. Petrópolis:Vozes, 1968, p. 69-92 [com farta bibliografia]. • CORBISIER, R. Significação da ideia de mundo e de crise. In: *RBF* 3 (1935), p. 422-436. • CORBISIER, R. Dialética e crise do capitalismo. *RBF* 1954/II, p. 209-231. • TEIXEIRA, A. *A educação e a crise brasileira*. Rio de Janeiro: [s.e.], 1956. • VARAGNAC, A. *Civilisations et genres de vie*. Paris: [s.e.], 1948. • KUBLER, G. *The Shape of Time*. Univ. of Yale, 1962. • SOROKIN, P. *Social Psychology of an Age of Crisis*. Londres, 1950/1962. • LINTON, R. *The Sciences of Man in the World Crisis*. Nova York, 1945/1952. • GEBSATTEL, V.E. "Krisen in der Psychotherapie". *Jahrbuch für Psychologie* I (1952), p. 1s. • ZUTT, J. "Der Lebensweg als Bild der Geschlechtigkeit. Über Krisen auf dem Lebensweg". *Nervenarzt* 15 (1954), p. 428s. • Simpósio sobre *Psychologie der Lebenskrisen*. Frankfurt aM. 1962. • ORTEGA y GASSET. Das Wesen der geschichtlichen Krisen. In: *Signale unserer Zeit*. Stuttgart/Salzburgo, [s.d.]. [*Esquema de las crisis y otros ensa-*

da palavra *crise* é extremamente rica e encerra o sentido originário de crise. A palavra sânscrita para crise é *kri ou kir* e significa "desembaraçar" *(scatter, scattering)*, "purificar" *(pouring out)*, "limpar"[7]. O português conservou ainda as palavras *acrisolar* e *crisol* que guardam a nítida reminiscência de sua origem sânscrita. A crise age como um crisol (elemento químico) que purifica o ouro das gangas; acrisola (purifica, limpa) dos elementos que se incrustaram num processo vital ou histórico e que foram ganhando com o tempo papel substantivo, foram-se absolutizando e tomando conta do cerne a ponto de comprometerem a substância. Crise designa o processo de purificação do cerne: o histórico-acidental, o que assumiu indevidamente papel principal, é relegado a sua função secundária, porém legítima como secundária e derivada. Depois de qualquer crise, seja corporal, psíquica, moral, seja interior e religiosa, o ser humano sai purificado, libertando forças para uma vida mais vigorosa e cheia de renovado sentido.

Todo processo de purificação implica ruptura, divisão e descontinuidade[8]: eis outro sentido que pode ser dado à palavra crise. Por isso esse processo é também doloroso e assume aspectos dramáticos. Mas é nessa convulsão que se ca-

---

yos, 1942] • HUSSERL, F. *Die Krisis der europäischen Wissenschaften und die transzendentale Phänomenologie*. Haag: Martinus Nijhoff, 1954 [Husserliana vol. VI].• WUST, P. *Die Krisis des abendländischen Menschentums*. Innsbruck/Viena/Munique: [s.e.], 1927. • BÜCHSEL, F. Krisis. In: *Theologisches Wörterbuch zum Neuen Testament* III, p. 942s. •; BLANK, J. *Krisis*: Untersuchungen zur johanneischen Christologie und Eschatologie. Freiburg: Lambertus, 1964. • VV.AA. *Christentum als Krisis*. Wurzburgo: Echter, 1971.

7. McDONNEL, A.A. *A Practical Sanskrit Dictionary*. Londres: Oxford, 1958, p. 68.

8. BÜCHSEL, F. Op. cit., p. 942s.

talisam as forças e se acrisolam os valores positivos contidos na situação de crise. De crise vem ainda a palavra *critério* que é a medida pela qual se pode julgar e distinguir o autêntico do inautêntico, o bom do mau.

Crise significa ainda em grego *(krisis, krínein)* a decisão num juízo. Quando o juiz tiver pesado os prós e os contras, deixa cair a decisão. A decisão ocorre também numa competição, ou mesmo numa doença. O médico examina os sintomas, conjuga os vários elementos, sonda, pesa e sopesa e de repente atina com a doença. Ou quando o doente superou o "ponto crítico", deu-se uma decisão e se restabelece. A isso se chama em grego de crise[9]. Realmente. Toda situação de crise, para ser superada, exige uma decisão. Esta marca a trilha nova e uma direção diferente. Por isso a crise é prenhe de vitalidade criadora; não é sintoma de uma catástrofe iminente, mas é o "momento crítico" em que a pessoa se questiona radicalmente a si mesma seu destino, o mundo cultural que a cerca e é convocada "não a opinar sobre algo, mas a se decidir acerca de algo"[10]. Sem essa decisão não há vida. Ideias, nós as temos. Mas decisões, nós as vivemos. Por isso a situação de crise é antropologicamente muito rica. Não constitui uma tragédia na vida, mas sua pujança e regurgitamento. É oportunidade de crescimento. Não é perda do chão debaixo dos pés, mas desafio que esse chão vital lança para uma evolução ou definição melhor. Por isso que a decisão-crise recusa algumas chances e opta por outras que podem fazer florescer a vida ou deixá-la fenecer. "A crise não nasceu da descrença, mas do agudo sen-

---

9. Ibid.

10. FURTER, P. Op. cit., p. 83.

timento de uma inadequação, provocado pela esperança exigente de um bem possível"[11]. E esse possível faz um apelo globalizante para toda a personalidade e lhe exige um engajamento radical. Sem isso a crise jamais será superada, mas sempre protelada. E as forças positivas contidas nela nunca chegam a ser adequadamente tematizadas. Não é sem profundo sentido que a religião denominou a superação da crise religiosa de *conversão*, troca radical do caminho, das coordenadas referenciais do modo de pensar e de agir, e criação de um novo céu com outras estrelas que orientam e dirigem a vida.

Crise, portanto, é uma descontinuidade e uma perturbação dentro da normalidade da vida, provocada pelo esgotamento das possibilidades de crescimento de um arranjo existencial. Por uma decisão, cria-se uma purificação da vida e de sua compreensão, abrindo um novo caminho de crescimento e rasgando um horizonte de possibilidades que moldam um novo arranjo existencial. A crise então teve um desfecho feliz. Não havendo decisão, não se dará também uma purificação eficaz. Permanece a convulsão das forças vitais e o enuviamento do sentido que pode degenerar no desespero, resolvendo assim negativamente o percurso da vida. A crise é um processo normal de todos os processos vitais. Ela emerge de tempos em tempos para permitir a vida permanecer sempre vida, poder crescer e irradiar.

3. Crise como estrutura fundamental da vida

Do que expusemos, algo deve ter ficado claro: a crise não é um mal que sobrevém, interrompendo o curso da

---

11. Ibid.

vida. Ela pertence ao próprio conceito de vida e de história. Tanto uma como outra (vida e história) não possuem uma estrutura linear, mas descontínua. Pertence à essência da evolução o momento e o ponto crítico e a crise. A evolução acumula energias, atinge um limiar, a partir de onde se verifica uma convulsão: dá-se a passagem de um para outro nível mais alto de vida. Da cosmogênese acontece a emergência da biogênese. Da biogênese emerge a antropogênese. Crise é o momento crítico da decisão, onde algo é deixado para trás e se abre um patamar superior que possibilita uma nova forma de vida. A crise assemelha-se a uma escada. Na escada há continuidade e descontinuidade. O degrau é ambas as coisas: continuidade e descontinuidade. É primeiro continuidade, suporta o peso, possui estabilidade, é uniforme e plano. Mas não pode ficar nisso e para si. Deve levar ao outro degrau. Por isso, num segundo momento, o degrau representa a descontinuidade que permite ascender e avançar. Para que haja continuidade no processo de ascensão, é preciso que haja descontinuidade. Por isso que as crises pertencem à vida: não são algo que deva ser deplorado e evitado, mas explorado, assumido e exaurido em seu valor enriquecedor para novas formas de vida.

Esse aspecto da crise poderemos ilustrar brevemente em vários níveis:

a) A crise biossociopsicológica

Se crise é uma categoria da história da vida, nada mais natural que se realize especialmente na própria vida humana. Nascer é crise: o pequeno ser após nove meses de gestação esgotou as possibilidades oferecidas pelo útero materno. Surge um ponto crítico de ruptura; ele deixa o seio aconchegador da mãe e entra num mundo hostil a que se deve adaptar e que importa domesticar. A criança, ao nascer, passa pela crise mais aguda de sua vida: é empurrada de todos os lados, quase sufocada. Não sabe que abandona um arranjo existencial cujo horizonte vital se tornou demasiadamente pequeno. Irrompe para um mundo mais vasto com novas e mais ricas possibilidades de vida.

A juventude se caracteriza por excelência como um tempo de crise: o jovem conquista aos poucos autonomia física, intelectual e moral; julga e critica o quadro familiar, escolar e social no qual está inserido ou vai entrar; confronta-se consigo mesmo numa tomada de consciência aguda de suas possibilidades e das decisões de ordem moral, intelectual ou profissional que lhe vão traçar em linhas gerais o rumo na vida.

A idade madura se caracteriza também por uma crise, chamada de crise do demônio do meio-dia: a pessoa toma consciência de suas últimas chances de vida biológica e intelectual que aos poucos se esvaem e devagarinho começa a descer a montanha da vida.

Por fim a morte constitui a maior das crises humanas[12]. Esgotam-se todas as possibilidades do constitutivo biossociopsicológico. O ser humano é levado a uma derradeira decisão diante da Última Realidade e irrompe para dentro do horizonte da eternidade. A morte-crise é a passagem dramática para essa nova vida. A situação normal do ser humano, pois, se define entre a crise e a superação da crise.

---

12. Cf. BOFF, L. "O sentido antropológico da morte e ressurreição". *REB* 31, 1971, p. 306-332.

b) A crise sociocultural

Não só a vida individual vem marcada pela estrutura da crise. Mas também a vida da coletividade em seu quadro sociocultural. Coube particularmente a Arnold Toynbee explorar a estrutura de crise latente nas 21 civilizações analisadas em suas célebres obras A Study of History[13]. Para Toynbee o processo histórico se articula dentro da dialética do desafio e da resposta (challenge and response).

Quanto maior o desafio provindo do meio físico, cultural, religioso, etc., tanto maior o estímulo para a resposta. As civilizações nascem, desenvolvem-se e se mantêm em vida superando obstáculos, dando resposta a um desafio. As minorias criadoras agem como antenas captadoras dos desafios. Em contato fértil com a massa formulam as respostas que, por sua vez, se tornam novamente desafios que estimulam novas respostas. O desafio mantém as civilizações em permanente crise que pode ficar latente, mas sempre impulsionando minorias criadoras. Se o desafio for superior à capacidade de respostas, a crise pode levar a um processo de desagregação. Não raro, ele é longo, pois se acionam os mecanismos de autodefesa. Reforça-se a mecanização das respostas consagradas, acentua-se a rigidez das instituições, abre-se espaço para o despotismo dominador das minorias que empregam a violência para se perpetuarem no poder. Frequentemente estas, por fim, morrem, não por assassinato, mas por suicídio.

---

13. Cf. uma boa orientação em DIRÃO, P. "Toynbee e sua concepção da história". Brotéria 60, 1955, p. 277-293. • TOYNBEE, A. Experiências. Petrópolis: Vozes, 1970.

Pode dar-se também a inversão dos papéis: o desafio apresenta-se fraco, e a capacidade de resposta apresenta-se demasiadamente superior e vigorosa. Então a crise degenera em *hybris* da civilização que se decompõe pelo luxo, pela autocontemplação e pelo gozo dionisíaco de si mesma.

Num estudo muito lúcido Ortega y Gasset mostrou que efetivamente a crise marcou a civilização moderna ocidental, especialmente entre 1550-1650, quando se tomaram as decisões que fundaram a Era Moderna[14]. Há momentos na história em que, para continuar, é preciso romper, entrar num processo de convulsão, de instabilidade e radical questionamento, onde "não se muda algo no mundo, mas onde o mundo todo muda". A crise é esse momento angustiante, mas profundamente criativo, que permite o evoluir histórico sobre outras bases e com outros valores. A crise a que se referia Ortega representa a passagem dramática de um tipo de fé a outro tipo de fé. Da fé de que Deus é a verdade das coisas, à fé de que a ciência e a razão humana são a verdade das coisas. Passagem do cristianismo para o racionalismo humanístico da Renascença[15]. O que aconteceu foi o seguinte: o mundo construído e iluminado pela fé, formando um sistema seguro de convicções pelas quais o ser humano compreendia e resolvia os problemas da vida, começou a ser posto em xeque. Surgira a mentalidade de experimentação que questionava a autoridade das soluções tradicionais. A vida começou a ser percebida e vivida mais ricamente que o sistema vigente e o arranjo existencial faziam vislumbrar. A crise provocou uma ruptura e criou um horizonte

---

14. ORTEGA y GASSET. Op. cit., p. 345-413.
15. Ibid., p. 381 e 396-413.

que perdura até os dias de hoje. Se a Igreja se sentiu exilada desse processo é porque ela não soube suficientemente ver e aproveitar as forças positivas dessa revolução e com demasiada pressa exorcizou o que deveria ter acatado. Resolveu ilusoriamente para si a crise apelando para condenações. A crise, porém, foi resolvida por si mesma, em detrimento da perda da autoridade doutrinária da Igreja oficial.

c) A crise espiritual e religiosa

Como qualquer outra forma de vida, também a vida religiosa e espiritual pode e deve passar por uma crise, que se chama de *conversão*. São João em seu Evangelho melhor do que ninguém articulou a estrutura da crise religiosa e espiritual. Cerca de trinta vezes ocorre no quarto Evangelho a palavra *krisis* no sentido de decisão, juízo e ruptura"[16]. A vinda do Revelador é vista por ele como crise para o mundo (cf. Jo 3,1-21.31-36). A atuação de Jesus produz nos ouvintes uma crise: eles têm que se decidir porque com a palavra de Jesus se dá uma divisão entre luz e trevas (cf. v. 19-20). Quem aderir à sua mensagem e pessoa, encontrará uma saída feliz e libertadora da crise: a vida eterna (cf. 5,24). Mediante sua palavra produz-se uma cisão entre vida e morte. A crise que Cristo introduz no mundo quer redimir o ser humano, isto é, tirá-lo de seu horizonte carnal e estreito para elevá-lo ao nível do horizonte espiritual, próprio de Deus.

---

16. Cf. BLANK, J. Op. cit., p. 109-182. • BULTMANN, R. *Das Evangelium des Johannes*, Göllingen: [s.e.], 1964, p. 92s., 193s., 330s., 349, 372 e 436. • SCHNACKENBURG, R. "Umkehr-Predigt im Neuen Testament". *Christliche Existenz nach dem Neuen Testament*, vol. I. Munique, 1967, p. 35-60, esp. 50-55.

Por isso que conversão significa uma revolução interior nos modos de pensar e de agir. São João o mostra exemplarmente em sucessivas cenas. No diálogo com Nicodemos: Nicodemos se move sobre o chão da carne; Cristo, sobre o chão do Espírito. Cada um fala a sua linguagem própria. Cristo fala em renascer da água e do Espírito sem o que a pessoa não poderá entrar no Reino de Deus (cf. Jo 3,5). Nicodemos entende *renascer*, carnalmente, como se fosse entrar de novo no seio de sua mãe (cf. 3,4). A crise irrompe quando os dois horizontes – da carne e do Espírito – se entrechocam. Produz-se como que um raio entre eles. O ser humano supera a crise e se salva unicamente se tiver a coragem de se elevar do nível da carne ao nível do Espírito, que é o horizonte dentro do qual se situa o Salvador. O evangelista diz muito bem: "Quem nele crê não fica na crise. Quem não crê já caiu a decisão sobre ele (já se fixou na crise) porque não creu no nome do Filho unigênito de Deus" (cf. 3,18).

A mesma estrutura de crise se nota também na narrativa do encontro com a samaritana. Cristo fala na dimensão do Espírito, da água viva (cf. Jo 4,10). Quem a beber jamais terá sede, pois ela se transforma, na pessoa, fonte de vida eterna (cf. 4,14). A samaritana entende isso com os olhos da carne: "Senhor, dá-me dessa água para que não sinta mais sede nem precise vir aqui buscar água" (4,15). A mulher só se salva se passar de um nível ao outro, se abraçar o que o Senhor pede: "Mulher, crê em mim [...]. Eu sou o Cristo-Messias, o que fala contigo" (Jo 4,21.26).

A mesma crise surge no relato da multiplicação dos pães (cf. Jo 6). Cristo fala a linguagem do Espírito: do pão de Deus que desce do céu e que dá a vida ao mundo (cf. v. 33).

O povo o entende no quadro da carne: "Senhor, dá-nos sempre desse pão!" (v. 35). Cristo responde espiritualmente: "Eu sou o pão vivo descido do céu. Se alguém comer deste pão viverá eternamente!" (v. 51). E o povo o entende carnalmente: "Não é este Jesus, o filho de José? Nós conhecemos seu pai e sua mãe. Como diz agora que desceu do céu?" (v. 42). A solução da crise virá se o povo aceitar a mensagem de Cristo: "Quem come deste pão vive para sempre" (v. 58). Aqui, porém, se deu a crise máxima, crise que é decisão e divisão: "Muitos discípulos se afastaram dele e já não caminhavam com ele" (v. 66). Os doze, porém, superaram a crise, decidindo-se positivamente: "Senhor, a quem iremos? Tu tens palavras de vida eterna. E nós acreditamos e conhecemos que tu és o Santo de Deus" (v. 68-69).

Por três vezes, diz o evangelista João, Cristo provocou por suas atitudes e palavras um cisma no povo (cf. 7,43; 9,16; 10,19), isto é, produziu uma crise que levou a uma ruptura-decisão pró ou contra ele. Cristo é realmente a crise do mundo: ele veio para salvar ou para perder, para provocar uma derradeira decisão das pessoas pró ou contra Deus, agora manifestado em sua pessoa, em sua gesta e em suas palavras. Ou o mundo se converte, ou então se fixa em si mesmo, se ensimesma e se perde.

d) A crise de Jesus

Se Jesus provocou uma crise para outros, ele mesmo teve que passar por uma crise devastadora[17]. A interpreta-

---

17. Cf. SHIERSE, F.J. "Die Krise Jesu von Nazareth". Christentum als Krisis. Würzburg, 1971, p. 35-65. • BOFF, L. "O sentido da morte de Cristo". Grande Sinal 25, 1971, p. 265-281.

ção *teológica* de sua morte na cruz, como cumprimento do plano salvador de Deus de fazê-lo holocausto por nossos pecados, fez-nos esquecer com demasiada pressa os reais motivos *históricos* que o levaram a um duplo tribunal, um religioso e outro profano e por fim à liquidação violenta[18]. Cristo não foi simplesmente a doce e mansa figura de Nazaré. Foi alguém que tomou decisões fortes (cf. Lc 9,51), teve palavras duras e não fugiu a polêmicas (cf. Mt 23,13-39) e, para salvaguardar a reverência às coisas sacras, usou também da violência física (cf. Mc 11,15-19 par.; Jo 2,13-17). Pregou uma mensagem que constituía uma crise radical para a situação social, política e humana da época. Proclama o Reino de Deus.

Para se entender o conteúdo dessa palavra que ocorre 122 vezes no Novo Testamento e noventa na boca de Cristo, convém situá-la em seu pano de fundo que é a apocalíptica judaica de então. Parte-se da experiência que nós também fazemos hoje, ou seja, este mundo, juntamente com o ser humano, apresenta-se alienado, rebelado e pervertido: há doenças, fome, catástrofes, terror, mentiras, ódio, guerra e morticínios em massa. Isso é prova de que este mundo se encontra em ruptura com Deus. Deus, porém, resolveu intervir e pôr termo a tal situação: não deverá haver mais nem dor, nem luto, nem grito, nem morte (cf. Ap 21,4), nem grassará mais fome nem sede nem a natureza fará mais mal (cf. Ap 7,15-16). A intervenção de Deus significará uma radical crise: será um juízo sobre os maus e uma definitiva divisão entre o bem e o mal e, por fim, a morte será aniquilada (cf. 1Cor 15,26). Daí haverá um novo céu e uma nova terra.

---

18. SCHIERSE, F.J. Op. cit., p. 37.

A utopia de suma felicidade, alimentada pelo coração humano em todas as culturas e tempos, será uma *topia*, isto é, uma realidade: os primeiros serão os últimos, os pequenos serão sábios, os poderosos serão destronados, os orgulhosos serão humilhados, os pobres serão enriquecidos, os famintos serão saciados, os tristes serão consolados e os mortos serão ressuscitados. *Et tunc erit finis*, ou melhor, então irromperá o fim: Deus tudo em todas as coisas (cf. 1Cor 15,26), o Reino de Deus como plena e definitiva realidade.

Por mais utópico e irrealizável que isso possa parecer, foi, contudo, o conteúdo essencial da pregação de Cristo. Ele se entende como aquele que em nome de Deus vai trazer semelhante ridente realidade. A utopia é a forma mais adequada de expressar o infinito desejo humano e o desígnio de Deus sobre sua criação. A utopia tem função semelhante às estrelas. Elas estão dependuradas lá no alto do firmamento. Não podemos nunca alcançá-las. Mas elas iluminam a noite. Servem de orientação para quem navega em navios e aviões. Enchem de reverência o espírito humano. Semelhantemente a utopia. Ela é, por definição, inalcançável nos quadros da história presente. Mas ela incita as práticas humanas e impede que a história se congele nos fatos atuais. Ela mantém a esperança aberta para cima e para a frente. Como as estrelas.

As Igrejas, em continuidade de Cristo, com maior ou menor intensidade, prolongaram essa pregação até os dias de hoje: por isso se prega ressurreição dos mortos, céu e inferno, total realização do mundo presente, transformação do velho em novo, etc. Para que tudo isso comece já a ser concretizado e vivenciado neste mundo, faz-se mister preparar-se pela conversão. Converter-se é revolucionar as categorias de pensar, julgar e agir. Essa concepção de Reino de

Deus, abrangendo a totalidade das coisas e não apenas aspectos dela, como os religiosos e espirituais, provocou uma crise nas várias concepções da época e nos seus representantes[19].

Primeiro com os *fariseus*. Estes pregavam, como preparação para o estourar do reino, a estrita observância da lei. Eram extremamente piedosos e corretos. A imagem, um pouco caricata que o Novo Testamento, especialmente o evangelista Mateus, nos transmitiu dos fariseus, não corresponde adequadamente à verdade histórica. Seja como for, os fariseus estreitaram demais o horizonte das relações dos homens entre si e para com Deus. Abordavam a realidade com categorias preconcebidas e moralizantes: justo e injusto, piedoso e ímpio, próximo e não próximo. A vontade de Deus estava toda ela vinculada à lei e a essa disjunção. Urgia cumprir fielmente a vontade de Deus expressa na lei. As consequências podem ser imaginadas: busca neurótica de boas obras, escrupulantismo, perturbação da consciência, dureza de coração e falta de espontaneidade frente à vida. Ademais Deus era degradado à função legal. O ser humano conhecia a Deus como a Lei personificada e podia ser conquistado pela observância dessa Lei e pelas técnicas rituais. A conversão para Jesus transcende as leis e se situa na atmosfera graciosa do amor. Deus não é um impessoal parágrafo, mas um Tu que dialoga e se interessa pelos humanos e não pode ser enquadrado dentro da casuística legal. Por isso o ser humano deve estar sempre atento aos sinais dos tempos, pelos quais ele fala, especialmente pelo próximo que pode ser cada pessoa deste mundo. A crítica de Jesus

---

19. Cf. VV.AA. *Die Zeit Jesu*. Stuttgart/Berlim: Kontexte 3, 1966. • STAUFFER, E. *Jerusalem und Rom im Zeitalter Jesu Christi*. Berna-Munique: [s.e.], 1957. • SCHIERSE, F.J. Op. cit., p. 41-61.

fez com que os fariseus se voltassem renhidamente contra ele, pois lhes havia checado as convicções mais profundas e embaralhado o quadro de referências religiosas. Cristo chama a todos para o reino, ao qual ainda ninguém pertence, tanto a bons como a maus, justos e injustos. Ninguém pode dizer, em razão de suas obras boas: "Estou no meu direito, quero ver a Deus e entrar no seu reino". Todos somos servos inúteis e necessitados de conversão e redenção (cf. Lc 17,10).

A compreensão de Jesus acerca do reino representava uma crítica forte também contra os *essênios*, aquela comunidade de monges de grande rigorismo, vivendo nos mosteiros de Qumran, perto do Mar Morto. Conforme os manuscritos descobertos em 1948, eles excluíam do reino todo aleijado das mãos, dos pés, cego ou surdo ou mudo ou portador de qualquer mácula (cf. 1QS 1,3-4.9-11). Cristo, pelo contrário, convida a participar na ceia do reino os pobres, aleijados, cegos e coxos (cf. Lc 14,21). Entre eles reinava a mais rigorosa ordem hierárquica sob a alta direção sacerdotal. O poder todo vinha de cima. Para Cristo isso é característico do mundo pagão. Em vez de hierarquia Cristo ensina a hierodulia (serviço sagrado): "Aquele que quiser ser o maior seja o servidor, e aquele que quiser ser o primeiro seja o escravo de todos" (Mc 10,43-44par.).

Cristo põe em crise também o movimento dos *zelotas*, grupo de guerrilheiros piedosos que lutavam por uma teocracia política. A distinção entre Cristo e os zelotas não reside em afirmar que Cristo quis um reino espiritual e transcendente e os zelotas um reino político e terreno. Para Cristo, o reino possui também uma dimensão política, embora não possa ser privatizado e reduzido unicamente a essa dimensão (cf. Mc 14,25; 10,30; Lc 22,29-30; Mt 19,28). Os zelotas queriam provocar a intervenção de Deus através de atos de terror e de ódio ou colocando-se sob grande risco. Cristo não prega a divisão, mas o amor a todos, indistintamente. O reino começa a aparecer onde os homens perdoam e o espírito de vingança é sepultado em nome da reconciliação.

A compreensão de Jesus se distancia também da mentalidade *apocalíptica*, atmosfera comum de seu tempo. Os apocalípticos esperam o reino somente para o futuro, trazido miraculosamente por Deus à Terra. Para Cristo o reino começa já aqui na Terra, já está em nosso meio, pela conversão, por seus milagres e pelo comportamento do novo ser humano que se deixa orientar pelo amor incondicional. Por isso Deus não é um ser distante e senhor do reino espiritual. Mas é um Deus próximo que em Jesus se aproximou da condição humana e a solicita para uma radical crise-decisão a seu favor.

Os *saduceus* representavam a alta hierarquia do clero em Jerusalém, a burguesia rica e os altos funcionários no templo e na Cidade Santa. Viviam mancomunados com os romanos. Por mentalidade eram conservadores e oportunistas e ideologicamente defendiam suas posições: é melhor, diziam, que um morra do que perdermos a pouca liberdade que possuímos. Cristo critica a riqueza e o modo autoritário de desempenhar o poder (cf. Mc 11,15-18 par.; Jo 2,13-22; Mc 10,42-43). A atuação de Jesus provocou uma crise na ordem estabelecida de então. Decretada sua morte, Ele mesmo entrou numa aguda crise, a assim chamada crise da Galileia (cf. Lc 9,51s.): sente-se só e isolado e vislumbra no horizonte a sombra da morte violenta, sofrida por todos os profetas. A tentação do monte Getsêmani representa um paroxismo. Mas também o vigor de Jesus de tudo suportar e de levar sem concessões sua missão até o fim. A crise maior, entretanto, foi na cruz. Aí, o próprio Jesus se queixa: "Meu

Deus, meu Deus, por que me abandonaste?" (Mc 15,34). É a experiência do inferno, pois inferno significa ausência de Deus. É exatamente isso que Jesus sente no alto da cruz. É a crise mais terrível que se possa imaginar, a crise da esperança. Ele que havia anunciado o Deus bom, Paizinho de infinita ternura, sente agora o vazio de sua presença. Deus não vai intervir para libertar seu Filho, injustamente condenado? E Deus não intervém. Deixa-o morrer, gritando na cruz. O evangelista Marcos teve a ousadia de dizer secamente: "Dando um imenso brado, Jesus expirou" (Mc 15,37). Mesmo abandonado por todos e até pelo próprio Deus, Jesus não abandona os seus que ama até o fim (cf. Jo 13,1), nem os próprios inimigos a quem perdoa, nem a Deus-Pai a quem continua chamando *de Meu* Deus (cf. Mc 15,34). Como diz a Epístola aos Hebreus: "Embora fosse Filho, aprendeu a obediência pelos sofrimentos que teve" (5,8); "e justamente por ter sofrido provações é que pode também ajudar aos que passam por sofrimentos" (2,18). Sua última palavra não é de desespero, mas de serena entrega: "Pai, em tuas mãos entrego o meu espírito" (Lc 23,46).

De fato ele é apresentado como o protótipo do ser humano de fé que suportou a crise fundamental da vida, levando-a até o fim, esperando contra toda a esperança: crendo sem esmorecer num sentido radical, mesmo dentro do absurdo de quem recebe ódio em troca de tanto amor. Superou a crise. Esvaziou-se totalmente. Podia agora ser plenificado pela vida divina. É a ressurreição. Ela é a resposta à atitude de total entrega de Jesus.

4. A fé como crise para a teologia

A fé pode ser compreendida como a res-posta que o ser humano dá com res-ponsa-bilidade a uma pro-posta, decifrada como sendo a re-velação do próprio Deus dentro da vida. Ela exprime a assunção de forma livre por parte do ser humano da relação ontológica de seu ser para uma Realidade que é seu fundamento e sua destinação. A fé se refere sempre ao Mistério.

O ser humano-ser-no-mundo-com-outros exprime essa sua experiência por várias formas: pelo culto, por símbolos, por fórmulas doutrinais, por atitudes éticas e por organizações religiosas. Esse conjunto mais ou menos homogêneo se denomina religião, no caso do cristianismo, de Igreja. Como definia excelentemente um teólogo brasileiro, "a *fé* se presta melhor para designar o nível de consentimento pessoal ao Mistério revelado; e a *religião*, seu estatuto sociocultural. Assim tomadas, a religião é a fé expressa e institucionalizada; e a fé é o núcleo e a substância da religião"[20]! O Mistério em face do qual a fé reage e atinge não pode jamais se exaurir numa concretização institucional. Porque Deus, sua graça, a salvação, sua comunicação em Jesus Cristo, não podem ser adequadamente enquadrados em categorias humanas. As fórmulas dogmáticas são vasos frágeis a conter a essência preciosa. Por isso a fé representa uma permanente crise para a religião, para a liturgia, para as instituições e para a Igreja.

Como ato humano orientado para o Mistério, a fé está sempre em busca de sua expressão adequada. Nenhuma formulação pode ser enrijecida a ponto de substituir o Mistério. Com isso não se nega seu valor. Apenas se acentua seu valor relativo. A fé não nega a religião, mas a afirma

---

20. BOFF, C.A. "A religião contra a fé?" *Vozes* 63, 1969, p. 109-116, aqui 106. • Cf. tb. KUNZ, E. "Der christliche Glaube als Krisis". *Christentum als Krisis.* Würzburg, 1971, p. 66-102.

como a sua expressão cultural e histórica. Não a absolutiza, o que seria criar ídolos e confundir Deus com instituições humanas. Mas a ama como relativa e derivada. Se não pode haver fé sem religião (o ser humano, mergulhado em sua corporalidade, necessariamente exprimirá seu ato de fé), pode contudo haver religião sem fé. Então se verifica o legalismo, o ritualismo, o dogmatismo, o sacramentalismo: absolutizações de relativos e subs-tantivação de adjetivos. A religião perde assim seu núcleo vital: a fé, capaz de continuamente fermentar as instituições e mantê-las flexíveis para uma expressão cada vez mais aderente à realidade inefável e inexaurível do Mistério de Deus. A religião degenera então em um conglomerado de falsas certezas e seguranças. A fé confere verdade ao ser humano e não segurança. Diante de Deus ninguém está seguro de si mesmo, mas descobre sua própria verdade como ser pecador e ao mesmo tempo aberto na escuta e ausculta de sua palavra. Isso é um processo nunca terminado, que tende sempre a ultrapassar as fórmulas para atingir o Mistério re-velado e velado nelas. Em razão disso, o ser humano se percebe um projeto infinito.

Na Igreja se acentuaram, às vezes de forma desastrosa para a fé e para sua vivência, as fórmulas e as fixações dogmáticas. Impôs-se religião em detrimento da fé[21]. O resultado foi a emergência de um tipo de fiel, por demais alienado da realidade concreta. Esta é de antemão vista dentro de categorias preestabelecidas, sejam elas de ordem moral, jurídica ou dogmática. Tal atitude gerou o fundamentalismo, o fideísmo e o tradicionalismo: verdadeiro é tudo o que a

---

21. Cf. o lúcido ensaio de GÖRRES, A. "Pathologie des Katholischen Christentums". *Handbuch der Pastoraltheologie* II/T. Herder, 1966, p. 277-343.

Igreja ou a religião (islâmica, hinduísta, ou afro-brasileira) ensina e manda. A religião tem uma solução para todos os problemas da vida. Quem, em nome de sua fé, se confronta com a existência e a partir daí questiona tomadas de posição oficiais do Magistério e dos mestres espirituais, é com demasiada pressa difamado de rebelde, racionalista e inimigo da fé. Toda novidade é encarada com desconfiança e não como nova chance para a fé e sua expressão. Deus falou e se revelou no passado, mas custa ser aceito como o Deus do presente e do futuro. O católico convencional, por exemplo, apresenta-se como alguém de pouca fantasia criadora, desconfiado de sua própria razão religiosa, tolhido em sua espontaneidade e falto de sentido de observação. Na sua vida religiosa, não tem acesso direto à realidade. Aborda-a já dentro de uma interpretação eclesiástica, moral e dogmática. Jesus é apresentado dentro de tal arcabouço doutrinário que sua figura humana, de profeta ambulante, amigo dos pobres e excluídos, grande contador de estórias e taumaturgo se perde quase totalmente. Ousadia, coragem, espírito pioneiro, iniciativas novas não são virtudes especiais do católico tradicional. Mas obediência, submissão, respeito à tradição e veneração às autoridades constituídas, e especialmente muita prudência. Como observava com fina ironia o Cardeal Suenens: A Igreja tem muita prudência, mas nenhuma coragem. Nós vamos ainda morrer de ajuizados[22].

A fé, contudo, quando vivida como ato existencial de abertura reverente ao Mistério, checa e coloca em crise todos esses exageros e falsas seguranças. A Tradição não con-

---

22. SUENES, L.J. *L'Église en état de mission*. Paris: Desclée de Brouwer, 1955, p. 23.

siste primeiramente em manter formulações de outros tempos e de outro horizonte histórico-cultural, mas de repetir em cada tempo a mesma vivência originária do Evangelho. Esta por sua vez será expressa dentro da linguagem do tempo que não precisa necessariamente identificar-se com a do passado. A fé atinge primeiro o Deus vivo e o Cristo ressuscitado agindo hoje. A partir dessa vivência ela compreende também o Cristo e o Deus que se manifestaram ontem e sempre.

5. A teologia como crise para a religião

Teologia é fé que procura entender. Entender significa julgar, criticar, saber distinguir e ordenar dentro de um horizonte de sentido. Por isso teologia é uma forma de fé, reflexa e crítica. Teologia sem fé não existe porque de Deus não se pode falar como se fala de objetos. Ou se fala tocado pela realidade divina, ou se faz história das ideias religiosas, coisa que também um ateu pode fazer com grande competência. Daí que em teologia não se pode falar *sobre* Deus, como se pudéssemos nos situar numa instância superior a partir da qual vislumbrássemos Deus. Mas podemos falar *a* Deus e *de* Deus e a partir dele enquanto falamos da existência humana tocada por sua divina e insondável realidade. Se fazer teologia é refletir e submeter a um juízo crítico a fé, então significa colocar-se conscientemente em situação de crise. Submeter, contudo, a fé a uma análise crítica não quer dizer rejeitá-la. Antes pelo contrário: é querer aprofundá-la, purificá-la e limpá-la de expressões nem sempre adequadas à natureza do Mistério. Isso porque a fé não é a primeira coisa. Ela é resposta a uma pro-posta com res-pon-sa-bilidade. Primeiro vem a pro-posta, captada dentro da vida, pela religião que nos chega até nós, pelas Escrituras, pelo Magistério, pelas palavras dos mestres espirituais, pelos sinais dos tempos.

O ser humano se sente desafiado e nele surge o momento de responsabilidade. Deve tomar uma decisão. A fé é essa decisão. É uma resposta crítica. Por isso a fé madura é fruto de um processo de observação, dúvida, interrogação e não um dado preliminar[23]. Constituída, a fé funda um horizonte de compreensão e um novo começo a partir do qual posso entender toda a realidade. Nesse processo de maturação e purificação da fé a teologia desempenha uma função crítica. Ela ajuda para que a fé não decifre como Deus aquilo que não pode ser Deus. Existe a fé mágica, a fé que identifica Deus com o cosmos, com as energias universais, ou com a história, ou ainda com uma ideologia absolutista e mesmo com a razão universal.

A teologia, refletindo a fé, constitui-se como permanente crise para as representações da própria fé no sentido de manter a fé sempre como fé, de purificá-la e acrisolá-la para que seja cada vez urna res-posta adequada a uma proposta divina. Por isso que a teologia é humanamente uma ciência perigosa: quem uma vez começou a entender profundamente o que significa fé e Deus e a partir deles questiona tudo meditando, esse jamais poderá voltar atrás. Poderá tornar-se um ateu. Mas também poderá entrar num horizonte de existência das mais exigentes para o espírito e para a vida. Somente tempos pobres em profundidade humana e filosófica se eximem a um diálogo com a teologia. E isso porque a teologia pode criar uma situação humana extremamente rica de reflexão e de entusiasmo, pode situar o ser

---

23. FRIES, H. "Die kritische Funktion der Glaubenswissenschaft". *Herausgeforderter Glaube*. Munique, 1968, p. 79-102.

humano numa crise das mais radicais, onde não há tergiversações e evasivas. O ser humano é agarrado todo inteiro no seu passado, presente e futuro e confronta-se com a necessidade de uma decisão radical. Ele percebe: aqui trata-se de minha salvação ou perdição. De dar sentido à vida ou negá-lo totalmente. Não há mais mediações e meios-caminhos. A decisão envolve tudo e tudo exige.

Daí entendemos o extraordinário *pathos*, a *demonia divina*[24] com que se exprimiam os teólogos da teologia da crise ou da teologia dialética por volta de 1920 como um F. Gogarten, um R. Bultmann, um E. Brunner e um K. Barth[25]. Basta recordar alguns títulos de obras desses teólogos radicais para darmo-nos conta da consciência que possuíam de estarem numa situação de crise: *A crise de nossa cultura; A decisão religiosa; Ilusões. Uma polêmica contra o idealismo cultural; Não; Juízo ou ceticismo*. A revista porta-voz de suas ideias se intitulava significativamente: *Entre tempos* (*Zwischen den Zeiten*). "De repente", diz-nos F. Gogarten, "meditando sobre a significação religiosa da crise cultural de nosso tempo, chegamos ao conhecimento de que a ideia de Deus – caso a tivermos realmente vivenciado – significa uma crise absoluta para tudo o que é humano e para toda e qualquer religião"[26]. Aqui vemos que a *teologia*, quando tomada a sério, representa de fato a instauração de uma crise. Mas crise que quer ser sadia: colocar o ser humano diante

---

24. Expressão usada pelo neokantiano Paul Natorp (Marburg) ao ouvir falar F. Gogarten. • MOLTMANN, J. *Anfänge der dialektischen Theologie* II. Munique: [s.e.], 1963, p. 94.

25. Os principais textos foram reunidos em volumes por J. Moltmann, op. cit.

26. GOGARTEN, F. *Die religiöse Entscheidung.* Jena: [s.e.], 1921, p. 3.

48

de um processo de purificação, de ruptura libertadora e de decisão para um sentido radical, no termo, para Deus.

6. Comportamentos humanos diante da crise

Há uma gama muito variada de comportamentos humanos numa situação de crise. O homem-na-crise e a mulher-na-crise não podem ficar indiferentes. São globalizados em toda a sua existência. Não podem ficar na indecisão e viver sem sentido. Urge encontrar uma saída libertadora. É aqui que se apresentam várias categorias de tipos humanos com suas respectivas soluções da crise.

a) Os escatologizadores

Os escatologizadores constituem aquele tipo de pessoas que veem a crise como catástrofe, como decomposição e fim (*éschaton*) da ordem e da continuidade. Para esses a crise é algo de anormal que devemos evitar a todo o custo. Se aceitam certo ajornamento e mudanças dentro da religião, o fazem com tantas advertências, condições e senões que evirilizam qualquer irrupção carismática. Esquecem-se daquilo que o bom Papa João XXIII dizia:

> A vida do cristão não é uma coleção de antiguidades. Não se trata de visitar um museu ou uma academia do passado. Isso, sem dúvida, pode ser útil – como o é a visita aos monumentos antigos –, mas não é suficiente. Vive-se para progredir, embora tirando seu proveito das práticas e mesmo das experiências do passado para ir sempre mais longe na trilha que Nosso Senhor nos mostra[27].

---

27. Cf. *REB* 23, 1963, 182, da alocução na audiência de 7/11/1962

Na análise cultural tornaram-se clássicas as obras dos escatologizadores como Spengler[28] e A. Weber[29]: viam na crise do Ocidente a proximidade do fim do mundo. Para esses conviria citar o que disse um suíço que muito ama o Brasil, o filósofo e pedagogo Pierre Furter:

> Caracterizar a crise [...] como sinal de um colapso universal é uma maneira sutil e pérfida dos poderosos, dos privilegiados, para impedirem, *a priori*, as mudanças, desvalorizando-as de antemão. O niilismo europeu é uma maneira eficaz que a Europa encontrou para, através de uma atitude de desespero, continuar a dominar o futuro, destruindo-o[30].

Na Igreja pós-conciliar se formou toda uma escola de profetas de mau agouro, um verdadeiro clube de lamurientos que se definem renhidamente contra toda e qualquer novidade[31]. Em alguns grupos guetoizados, à força de virar e revirar as vísceras e predizer a destruição da Igreja, se esvaziaram a si mesmos totalmente. São de tal forma *contra* que

---

28. SPENGLER, O. *Der Untergang des Abendlandes*. 2 vol. Munique, 1912/1922.

29. KULTURGESCHICHTE als Kultursoziologie. Munique: [s.e.], 1950, esp. p. 446-498. • Um pouco na mesma linha: MARITAIN, J. *Le crépuscule de la civilisation*. Paris, 1930. • FERRO, C. *Esperienza della crisi spirituale contemporanea*. Milão, 1953.

30. FURTER, O. Op. cit., p. 79.

31. No Brasil, tal mentalidade se fixou em torno das revistas *Hora Presente* e *Permanência*; cf. tb.: HILDEBRAND, D. *Cavalo de Troia na Cidade de Deus*. Rio de Janeiro: Agir, 1971. • BOUYER, L. *La descomposición del Catolicismo*. Barcelona: Herder, 1970. • Leiam-se também os estudos sérios sobre a atual crise da *Permanência*. • Cf. tb.: DE LUBAC, H. "L'Église dans la crise actuelle". *Nouvelle Revue Théologique* 91 (1969), p. 580-596.

não possuem mais nenhuma mensagem pela qual poderiam ser *a favor*. Em muitos escritores e teólogos o espírito polêmico e o afã de defender o cristianismo contra uma suposta demolição a partir de dentro os fizeram espalhar difamações e ódio dentro das comunidades eclesiais. Assim se colocam fora do cristianismo que quereriam defender, pois certamente não há cristianismo onde reina ódio, impera divisão e grassa a difamação contra os irmãos e irmãs. O cristianismo perde sua grandeza e degenera numa ideologia tão alienante como qualquer outra.

b) Os arcaizantes

Os arcaizantes dão-se conta da crise. Em vez de explorar as forças positivas contidas nela, fogem para o passado. Vivem da pura *mimesis* (imitação) que é uma tentativa de imitar e reconstituir os costumes, as categorias de pensar e a vida do passado. Na Igreja os arcaizantes chegaram a formar toda uma orientação da teologia e da pesquisa religiosa. Importava saber exatamente o que Tomás de Aquino pensou, o que disse Santo Agostinho e o que estabeleceram os concílios primitivos. Como se o mais antigo fosse também o mais verdadeiro! Como se a fé, vivida e tentada hoje, pudesse orientar-se unicamente pelos critérios de ontem!

Há uma pesquisa do passado que é útil e necessária como modo de iluminar o presente, como busca sincera da *forma* antiga e sempre nova que está por debaixo de qualquer processo vital e que recebe em cada época uma nova articulação. Toda vez que alguém mergulha por uma profunda vivência religiosa na forma originária do cristianismo ou do fundador de uma ordem ou congregação, esse provoca uma crise no *status quo* estabelecido. Essa crise acrisola as instituições, obriga-as a um questionamento em profundidade e a se adaptarem à nova vivência que devem expressar de forma mais adequada.

c) Os futuristas

Há os que resolvem a situação de crise fugindo para o futuro. Eles se situam dentro do mesmo horizonte que os arcaizantes, apenas num sentido inverso. Por isso, os direitistas em política como em religião se combatem mutuamente. Podem por vezes andar juntos porque os métodos são os mesmos, embora em polos diferentes. Entre os futuristas se encontram tantos profetas do tempo presente! Toda excitação, qualquer contestação, toda fórmula nova e paradoxal é por eles decantada como profética. Geralmente falta neles qualquer preocupação pela comunhão com o todo, pelo espírito de integração de todos os elementos da vida, pela meditação e questionamento crítico da própria posição. Essas pessoas se caracterizam geralmente pela preocupação quase neurótica de reproduzir a opinião do dia, pelo domínio quase absoluto dos *slogans* publicitários de uma teologia de jargão. "A agitação não é vida. O último *slogan* não é um pensamento novo. Os críticos mais audazes são também os mais estéreis"[32]. Não raro a audácia contestatória não passa de fuga e evasão do confronto duro com a realidade e com a situação de crise.

d) Os escapistas

Outra forma de resolver a crise é fugindo para dentro, escapando dela num processo de interiorização privatizan-

---

32. DE LUBAC, H. Op. cit., p. 586.

te. As pessoas dão-se conta do enuviamento do horizonte e do conjunto das convicções fundamentais. Mas fazem ouvidos moucos. Evitam um confronto, preferem não saber, não ouvir, não ler e não se questionar. Querem permanecer no seu pequeno mundo reconciliado. Esse fenômeno pode verificar-se também em comunidades: um grupo religioso ou de qualquer outra natureza opta por um modelo de reforma, fecha-se sobre si mesmo, evita os contatos que poderiam fazer vacilar as convicções, transforma-se numa ilha. Os outros são os outros. Que fiquem com seus problemas! Se necessário for, que vão para o inferno! Mas deixem-nos em paz e na tranquila posse da verdade.

e) Os res-ponsá-veis

As várias soluções apresentadas não são soluções, mas protelações. Porque não assumem a crise, não aceitam o desafio que ela representa e não procuram uma resposta adequada. Há os res-ponsá-veis, isto é, os que veem na crise uma oportunidade de nova vida. Buscam tematizar as forças positivas contidas nela e formulam uma res-posta (*responsum* em latim) integradora das várias dimensões da vida. Não rejeitam o passado por ser passado. Aprendem dele como um repositório das grandes experiências humanas. Mas não se eximem de fazer as suas experiências. Todo valor, de onde quer que venha, é apreciado como valor e deverá ajudar na formulação de um modelo de vida que possa ser vivido e tenha a chance de levar a história adiante e dar sentido à vida. Característica dos res-ponsá-veis é a capacidade de integração e de purificação, coragem para ruptura e para o corte, mas sem perder a totalidade e a comunhão com o todo. Eles se definem por um *favor* e não simplesmente por um *contra*. Também não perdem demasiadamente tempo em polêmicas estéreis e na defesa daquilo que não representa futuro. Mas trabalham e se engajam profundamente na realização de um modelo que corresponda às necessidades do tempo, aberto à crítica e à autocrítica, dispostos a aprender de quem quer que seja. O importante é aceitar a crise. Não escatologizá-la, mas saber suportá-la. Ser capaz de, no emaranhado da situação, ver nela uma oportunidade de crescer, de aprofundar-se, de acrisolar-se e de ser mais.

7. Conclusão: "Todas as coisas grandes acontecem no turbilhão"

A sociedade mundial e as Igrejas encontram-se hoje numa situação de crise. Antes de perguntarmo-nos *o que* está em crise, deveríamos refletir sobre *a própria crise*. O simples fato da crise é um bom sintoma. É sinal de que se abriram novas possibilidades, de que fermenta um processo depurador. Urge ver positivamente o fenômeno. Não fugir nem para o passado, nem para o futuro, nem para dentro. A imaturidade religiosa e humana de tantos, também no campo cristão, desde os mais altos escalões do poder civil e eclesiástico até do próprio seio do povo de Deus, não permite que se veja na crise uma oportunidade nova para a sociedade, para a fé e para a religião.

Pertence à crise o aspecto dramático e a sensação da perda dos pontos de orientação. Por isso se impõe a coragem de saber esperar o decantamento da água turva. "Àquele que sabe esperar, todas as coisas acabarão por lhe serem reveladas, contanto que tenha a coragem de não renegar nas trevas o que divisou na luz"[33]. Cristo testemunhou em

---

33. CONGAR, Y. "Olhar cristão sobre o fracasso". In: *Os homens diante do fracasso*. São Paulo: Loyola, 1970, p. 166

sua própria crise da Sexta-feira Santa a verdade dessa sentença. Há momentos na vida em que, para subir, se faz mister descer e entrar em crise. E, para permanecer o mesmo, precisa-se mudar. Porém, se compreendermos que a crise é o nicho generoso onde se prepara o amanhã melhor e a penumbra que antecede o nascer do sol e aí ficarmos firmes, aceitando o desafio e esperando contra toda a esperança, então temos a oportunidade de amadurecer e de dar um salto para dentro de um horizonte mais rico de vida humana e divina. A superação da crise não se faz, comumente, pelo ativismo e pela excitação exterior, mas na reflexão e meditação sérias, onde as forças se recolhem para uma decisão e purificação libertadora. Nada é então obstáculo para a caminhada. Mas tudo pode transformar-se em degrau para subir mais, lembrados das sábias palavras de Platão, que, em tempos de crise e de incertezas como nos anos 1930 na Alemanha, foram recordadas pelo grande filósofo M. Heidegger, então Reitor da Universidade de Friburgo i.B: "*ta megála pánta episfále*", ou seja, "todas as coisas grandes acontecem na crise, no turbilhão"[34].

---

34. POLITEIA 497 d, p. 9. • HEIDEGGER, M. *Die Selbstbehauptung der deutschen Universität.* Breslau: [s.e.], 1933, p. 22.

Segunda parte
Espiritualidade como resposta à crise

I
Espiritualidade: dimensão necessária e esquecida

Espiritualidade vem de espírito. Para entendermos o espírito, precisamos desenvolver uma concepção de ser humano que seja mais fecunda do que aquela convencional, transmitida pela cultura dominante. Esta afirma que o ser humano é composto de matéria e espírito ou de corpo e alma. Ao invés de entender essa afirmação de uma forma integrada e globalizante, entendeu-a de forma fragmentada e dualista: a matéria e o corpo por um lado e o espírito e a alma por outro. Assim surgiram os muitos saberes vinculados a cada uma dessas partes, saberes que se ocupam do corpo como a física, a química, a cosmologia, a medicina e tantos outros e saberes que dizem respeito à alma, como a psicologia, a pedagogia, a educação e, em geral, as ciências humanas. Com essa repartição perdeu-se a unidade sagrada do ser humano.

1. Visão convencional de espiritualidade

Espiritualidade, nesta segmentarização, significa cultivar uma parte do humano, o espírito, através da meditação, da concentração, do apaziguamento das paixões, da interiorização, do encontro consigo mesmo e com Deus. Essa diligência implica certo distanciamento da dimensão da matéria ou do corpo, das preocupações do cotidiano e da vida profissional. Espiritualidade constitui uma tarefa, seguramente importante, mas ao lado de outras mais. Temos a ver com uma parte e não com uma totalidade do ser humano.

Como vivemos numa sociedade altamente acelerada em seus processos histórico-sociais, o cultivo da espiritualidade nos obriga a buscar lugares onde encontramos condições de silêncio, de calma e de paz, adequados para a interiorização: centros de encontro, mosteiros, *spas* de medicina integral.

Essa compreensão não é errônea. Ela contém muita verdade. Mas é reducionista. Não explora as riquezas presentes no ser humano, na interpenetração de corpo-alma, portanto numa visão mais holística e globalizante. Então emerge a espiritualidade como *modo de ser* da pessoa e não apenas como certo momento de sua vida.

2. Visão holística de espiritualidade

Antes de mais nada, importa enfatizar que o ser humano constitui uma totalidade complexa. Quando dizemos "totalidade", significa que nele não existem partes justapostas. Tudo nele se encontra articulado, formando um todo orgânico. Quando dizemos "complexa", significa que o ser humano não é simples, mas a sinfonia de múltiplas dimensões que coexistem e se interpenetram. Dentre muitas discernimos três dimensões fundamentais do único ser humano, dimensões que ocorrem sempre juntas e articuladas entre si: a exterioridade, a interioridade e a profundidade.

Essa consideração holística nos propicia uma visão mais integrada da espiritualidade. Esta, antes de ser uma expressão das religiões ou dos caminhos espirituais instituídos, é uma dimensão de todo ser humano. Ela surge como derivação de uma antropologia enriquecida e mais adequada à complexidade humana.

a) A exterioridade humana: o corpo

A *exterioridade* do ser humano é tudo o que diz respeito ao conjunto de suas relações com o universo, com a natureza, com a sociedade, com os outros e com sua própria realidade cotidiana. Nessa dimensão nos descobrimos seres cósmicos, pois somos feitos de poeira cósmica e daqueles elementos que se forjaram há bilhões de anos no coração das grandes estrelas vermelhas como o carbono, o fósforo, o ferro e outros. Surpreendemo-nos também como seres vivos, cuja história já persiste há 3,8 bilhões de anos. Como todos os demais seres vivos, somos formados pelos mesmos vinte aminoácidos e quatro bases fosfatadas. Somos seres vivos complexos que interagem com a natureza pelo trabalho e pelo cuidado. O resultado dessa interação é a cultura em diferentes expressões no espaço e no tempo. Todas essas dimensões estão presentes em nossa dimensão de corpo. Mas bem entendido: *corpo* como o ser humano todo inteiro, vivo, dotado de inteligência, de sentimento, de compaixão, de amor e de êxtase enquanto se relaciona para fora e para além de si mesmo, com a totalidade de seu mundo exterior.

b) A interioridade humana: a mente

A *interioridade* do ser humano vem constituída por tudo o que é voltado para dentro e que diz respeito ao universo interior, tão complexo quanto o universo exterior. Além de sermos seres vivos, somos seres de complexidade nos quais irrompeu a consciência e a espiritualidade. Com isso nos fizemos seres responsáveis e éticos. Temos de cuidar de nossa Casa comum, das relações sociais e humanas para que sejam justas e solidárias.

O espírito possui a mesma idade do universo. Quando após o *big-bang* os dois *quarks* originários começaram a se relacionar, estabeleceram campos de relação e informação. A capacidade de relação em todas as direções, em qualquer parte do universo, constituindo unidades cada vez mais complexas, é o que constitui o espírito. Esse espírito é cósmico e é pessoal. No ser humano ele emerge como consciente. Esse consciente possui sua pré-história, formada pelo inconsciente cósmico, vegetal, animal e pessoal. É a interioridade humana. Ela jamais é vazia, mas vem habitada por instintos, paixões, imagens poderosas, arquétipos ancestrais e principalmente pelo desejo. O desejo constitui, possivelmente, a estrutura básica da interioridade humana. Sua dinâmica é ilimitada. Como seres desejantes, nós humanos não desejamos apenas isso e aquilo. Desejamos tudo e o todo. O obscuro e permanente objeto do desejo é o ser em sua totalidade. Tentação permanente consiste em identificar o ser com alguma de suas manifestações. Quando isso ocorre, surge a fetichização que é a ilusória identificação da parte com o todo, do absoluto com o relativo. O efeito é a frustração do desejo e o sentimento de irrealização.

O ser humano precisa sempre cuidar e orientar seu desejo para que, ao passar pelos vários objetos de sua realização, não perca a memória bem-aventurada do único grande objeto que o faz realmente descansar: o Ser, a Totalidade e a Realidade fontal. A interioridade é chamada também de *mente humana*. Mais uma vez *mente*, bem entendida, como a totalidade do ser humano voltado para dentro, captando seu dinamismo interior e também as ressonâncias que o mundo da exterioridade provoca dentro dele.

c) A *profundidade humana: o espírito*

Por fim o ser humano possui *profundidade*. Ele possui a capacidade de captar o que está além das aparências, daquilo que se vê, se escuta, se pensa e se ama com os sentidos da exterioridade e da interioridade. Ele apreende o outro lado das coisas, sua profundidade. As coisas todas não são apenas coisas. São símbolos e metáforas de outra realidade que está sempre além e que nos remete a um nível cada vez mais profundo. Assim a montanha não é apenas montanha. Ela traduz o que significa majestade. O mar, a grandiosidade. O céu estrelado, a infinitude. Os olhos profundos de uma criança, o mistério da vida humana.

Como seres de inteligência identificamos o elo que une e re-úne todos os seres, formando um sistema dinâmico e aberto para cima e para a frente e o chamamos de Deus. Podemos dialogar com essa Suprema Realidade, venerá-la e fazer uma aliança de amor com ela.

O ser humano coloca questões fundamentais que estão sempre presentes em sua agenda: De onde viemos? Para onde vamos? Como devemos viver? Como preservar o mundo que nos sustenta? Quem somos nós e qual a nossa função no conjunto dos seres? O que podemos esperar depois desta vida mortal e qual nome dar ao mistério que subjaz a todo o universo e que reluz em cada coisa à nossa volta?

Ao balbuciarmos respostas a estas questões vitais, captamos valores e significados e não apenas constatamos fatos e enumeramos acontecimentos.

Na verdade, o que definitivamente conta não são as coisas que nos acontecem. Mas o que elas significam para a nossa vida e que experiências e visões novas nos propiciam. As coisas, então, passam a ter caráter simbólico e sacramental: nos recordam o vivido, nos reenviam a questões mais globais e, a partir daí, alimentam nossa profundidade.

3. Espiritualidade como dimensão antropológica

Colocar questões fundamentais e captar a profundidade do mundo, de si mesmo e de cada coisa constitui o que se chamou de *espiritualidade*. Ela se deriva de espírito. Espírito, como assinalamos acima, não é uma parte do ser humano. É aquele momento pleno de nossa totalidade consciente, vivida e sentida dentro de outra totalidade maior que nos envolve e nos ultrapassa: o universo das coisas, das energias, das pessoas, das produções histórico-sociais e culturais. Pelo espírito captamos o todo e a nós mesmos como parte e parcela desse todo.

Mais ainda. O espírito nos permite fazer uma experiência de não dualidade. "Tu és isso tudo", dizem os upanixades da Índia, referindo-se ao universo. Ou "tu és o todo", dizem os iogues. "O Reino de Deus está dentro de vós", proclama Jesus. Essas afirmações nos remetem a uma experiência vivida e não a uma doutrina. A experiência é de que estamos ligados e re-ligados uns aos outros e todos à totalidade e à sua Fonte Originante. Um fio de energia, de vida e de sentido perpassa a todos os seres, constituindo-os em cosmos e não em caos, em sinfonia e não em disfonia.

A planta não está apenas diante de mim. Ela está também dentro de mim, como ressonância, símbolo e valor. Há em mim uma dimensão planta, bem como uma dimensão montanha, uma dimensão animal e uma dimensão Deus. Espiritualidade não consiste em saber essas coisas. Mas em vivenciar e fazer disso tudo conteúdo de experiência. Quando isso ocorre, emerge a não dualidade e a profunda sintonia com todas as coisas. Bem dizia Blaise Pascal: "Crer em Deus não é pensar em Deus, mas sentir Deus". A partir da experiência, tudo se transfigura. Tudo vem carregado de veneração e sacralidade. Não estamos mais sós, centrados em nosso antropocentrismo ou em nossa visão utilitarista das coisas. Fazemos parte da imensa comunidade cósmica. Sentimo-nos mergulhados no fluxo de energia e de vida que empapa todo o universo e a natureza à nossa volta.

É próprio do ser humano experimentar sua profundidade. Auscultando a si mesmo, percebe que emergem de seu profundo apelos de compaixão, de amorização e de identificação com os outros e com o grande Outro, que as tradições espirituais e religiosas chamaram de Deus. Dá-se conta de uma Presença que sempre o acompanha, de um Centro ao redor do qual se organiza a vida interior e a partir do qual se elaboram os grandes sonhos e as significações últimas da vida. Trata-se de uma energia originária, com o mesmo direito de cidadania que outras energias como a sexual, a emocional e a intelectual.

Essa experiência convive com a outra, de divisão, de rancor, de exclusão e de morte. E o nosso dia-bólico que convive com o sim-bólico. O desafio humano é fazer do sim-bólico o projeto de base de vida. E a partir dele colocar sob controle o dia-bólico, com a consciência de que ele nunca pode ser eliminado, apenas integrado e, assim, domesticado.

Pertence ao processo de individuação acolher essa energia sim-bólica, criar espaço para esse Centro e auscultar esses apelos, integrando-os no propósito básico de vida. É a espiritualidade no seu sentido antropológico fundamental. Ela não precisa ter uma inscrição num credo ou numa instituição religiosa. Ela representa a dimensão de profundidade e a condição humana como condição espiritual.

Obviamente para as pessoas religiosas, esse Centro tem um nome certo. É Deus. Os apelos que dele derivam é sua Palavra. As religiões vivem dessa experiência antropológica fontal. Articulam-na em doutrinas e visões, em ritos e celebrações, em caminhos éticos e espirituais. Sua função primordial reside em criar e oferecer condições para que cada pessoa humana e as comunidades possam fazer um mergulho na realidade divina e ter a sua experiência pessoal de Deus.

Essa experiência, pelo fato de ser primeiramente experiência e não doutrina, tem como efeito a irradiação de serenidade, de profunda paz e de ausência do medo. A pessoa sente-se amada, acolhida e aconchegada num Útero divino. O que lhe acontecer, acontece no amor dessa Realidade amorosa. Até a morte é exorcizada em seu caráter de espantalho da vida. E vivida como parte da vida, como invenção da própria vida para dar um salto para formas mais altas de vida, como o momento alquímico da grande transformação para poder estar, de fato, no Todo e no coração de Deus.

Essa espiritualidade é um modo de ser, uma atitude de base a ser vivida em cada momento e em toda a circunstância: dentro da burocracia de um banco, no planejamento financeiro e na condução de políticas de investimento, no manejo de uma máquina, na condução de um carro, na vivência familiar. A pessoa que criou espaço para a profundidade e para a espiritualidade mostra-se centrada, serena e pervadida de paz. Sabe-se habitada por um Maior que não é um juiz perseguidor, mas uma Fonte irradiante de ternura e de amor. Irradia vitalidade e entusiasmo, porque carrega

Deus dentro de si. Carrega a Energia das energias, o Sentido do universo, de cada coisa e de nosso próprio caminhar.

Essa espiritualidade tão esquecida e tão necessária é condição para uma vida integrada e singelamente feliz porque nenhum obstáculo, nenhuma doença, nem a própria morte destrói definitivamente o Sentido profundo e amoroso que tudo pervade e plenifica o coração.

É essa espiritualidade que se faz necessária na construção de um outro tipo de globalização que seja mais que econômica e tecnológica. Mas uma globalização cuja centralidade seja ocupada pela vida, pela sociedade mundial, pela sensibilidade de uns para com os outros, pelo respeito aos direitos humanos e ecológicos, pelo cuidado para com a Casa comum e pela reverência da Fonte originária de todo ser e de toda vida.

II
Carisma: força cósmica e espiritual

O ser humano é o último ser de grande porte a entrar no universo. Ele carrega consigo a memória de todas as fases do processo cosmogênico anterior. Nele reboam, como de resto em todos os espaços siderais, as últimas reminiscências do grande *big-bang* que deu origem ao nosso cosmos. Nos arquivos de sua memória são guardadas as vibrações energéticas oriundas das inimagináveis explosões das grandes estrelas das quais vieram as supernovas e os conglomerados de galáxias, cada qual com seus bilhões de estrelas e planetas e asteroides. Nela se encontram ainda reminiscências do calor gerado pela destruição de galáxias umas devorando outras; do fogo originário das estrelas e dos planetas em seu redor; da incandescência da Terra; do fragor das águas que caíram por duzentos milhões de anos por sobre o nosso planeta até resfriá-lo; da exuberância das florestas ancestrais; reminiscências da voracidade dos dinossauros que reinaram, soberanos, por 166 milhões de anos em todos os quadrantes da Terra; da agressividade dos nossos ancestres no afã de sobreviver; do entusiasmo pelo fogo que ilumina e cozinha; da alegria pelo primeiro símbolo criado e pela primeira palavra pronunciada; reminiscências da suavidade das brisas leves; das manhãs diáfanas; dos lagos serenos de águas profundas; do alcantilado das montanhas cobertas de neve; por fim, reminiscências da interdependência entre todos os seres, criando a comunidade cósmica e, principalmente, a comunidade dos viventes; do encontro com o outro, capaz de ternura, entrega e amor; e, finalmente, do êxtase da descoberta do mistério do mundo que todos chamam de Deus. Tudo isso está sepultado em algum canto de nossa psique e no código genético de cada célula de nosso corpo, por mais epidérmica que seja, porque somos tão ancentrais quanto o universo.

1. Somos Terra que anda e dança

Nós não vivemos neste universo nem sobre a nossa Terra como seres extracósmicos. Nós viemos do útero comum de onde vieram todas as coisas, da energia mais originária, do *quark top*, o tijolinho mais primordial do edifício cósmico, até o computador atual. E somos filhos e filhas da Terra. Somos a Terra que anda e dança, que freme de emoção e pensa, que quer e ama, que se extasia e adora Deus. Todas essas coisas primeiro estiveram no universo, se condensaram em nossa galáxia, ganharam forma em nosso sistema solar e irromperam concretas na nossa Terra, grande mãe, superorganismo vivo, complexo e dinâmico, a Gaia dos antigos e novos cosmólogos, porque tudo isso estava antes lá, pode estar agora aqui em nossa vida.

O princípio cosmogênico, vale dizer, aquelas energias diretoras que comandam, cheias de propósito, todo o processo evolucionário, obedecem a uma lógica firme que nós identificamos antes quando nos referíamos à crise: ordem, desordem, interação, nova ordem, nova desordem, novamente interação e assim sempre. Com essa lógica criam-se sempre mais complexidades e diferenciações; e na mesma proporção vão se criando interioridade e subjetividade até a sua expressão lúcida e consciente que é a mente humana. Simultaneamente e também na mesma proporção vai se gestando a capacidade de comunhão, de troca e de reciprocidade de todos com todos, em todos os momentos e em todas as situações. Complexidade/interioridade/comunhão: eis a trindade cósmica que preside o funcionamento do universo.

Tudo vai acontecendo processual e evolutivamente. Não haveria processo e evolução se tudo não estivesse submetido ao não equilíbrio dinâmico – ao processo de crise – que busca sempre adaptações e novos patamares de complexidade/interioridade/comunhão.

2. O caos generativo

Eis aqui o ponto a que queríamos chegar. A existência humana tem dentro de si a lei cósmica, pois somos expressões do cosmos e filhos e filhas da Terra. Encontramo-nos dentro de uma ordem dada que não consegue frear os movimentos de mudança e por isso, num certo momento, passa por um processo de crise, de desordem e caos. Essa crise, desordem e caos produzem interações novas e por isso são sempre purificadores e generativos. E como fruto da teia de interações, reciprocidades e comunhões, emerge uma nova ordem que, por sua vez, vai seguir a mesma trajetória de crise, desordem, interação e nova ordem. Enquanto estivermos vivos, estamos sempre numa situação de não equilíbrio e de crise, em busca contínua de adaptações e transformações que gerem um novo equilíbrio.

Quanto mais próximos do equilíbrio total, mais próximos da morte. A morte é a fixação do equilíbrio e do processo cosmogênico. Ou a sua passagem para um nível que demanda outra forma de acesso e de conhecimento.

3. O cotidiano e a imaginação

Como se manifesta essa estrutura concretamente em nossa vida?

Antes de mais nada, pelo cotidiano. Cada qual vive o seu cotidiano que começa com a toalete pessoal, o jeito como mora, o que come, o trabalho, as relações familiares, os amigos, o amor. O cotidiano é rotineiro, convencional e, não raro, carregado de desencanto. A maioria da humanidade vive restrita ao cotidiano com o anonimato que ele envolve. Alguns são conhecidos pela primeira vez quando morrem, pois o anúncio aparece no jornal. É o lado da ordem universal que emerge na vida das pessoas.

Mas os seres humanos são também habitados pela imaginação. Ela rompe as barreiras do cotidiano e permite dar saltos. A imaginação é, por essência, fecunda; é o reino das probabilidades e possibilidades, de si infinitas. Imaginamos nova vida, nova casa, novo trabalho, novos prazeres, novos relacionamentos, novo amor. A imaginação produz a crise existencial e o caos na ordem cotidiana.

É da sabedoria de cada um articular o cotidiano com o imaginário e retrabalhar a crise. Se alguém se entrega só ao imaginário, pode estar fazendo uma viagem, voa pelas nuvens esquecido da Terra e pode acabar numa clínica psiquiátrica. Pode também negar a força sedutora do imaginário, sacralizar o cotidiano e sepultar-se, vivo, dentro dele. Então se mostra pesado, desinteressante e frustrado. Rompe com a lógica do movimento universal.

Quando alguém, entretanto, sabe abrir-se ao dinamismo do imaginário e às chances presentes na crise e ao mesmo tempo mantém os pés no chão, quando assume seu coti-

71

diano e o vivifica com injeções de novidade e de criação, então começa a irradiar uma rara energia interior. Dele sai força de expressão. Emerge a singularidade pessoal. Há luz e brilho na vida, originalidade no que propõe e criatividade em suas práticas.

4. Cristo e carisma

A essa força se chamou de carisma. Carisma, carma, Krishna, Cristo, crisma e caridade possuem a mesma raiz sânscrita *kri* ou *kir*. Ela significa a energia cósmica que tudo acrisola e vitaliza, tudo penetra e rejuvenesce, força que faz atrair as pessoas e fascinar os espíritos.

Quem são os carismáticos? Todos. A ninguém é negada a força cosmogênica que movimenta, na palavra de Dante, o céu e todas as estrelas. Por isso a vida de cada um é chamada para brilhar, na estrofe de um samba carnavalesco. É carismática.

Mas há carismáticos e carismáticos. Há alguns nos quais essa força de irradiação implode e explode. É como uma luz que se acende na noite. Atrai os olhares de todos.

Pode-se fazer desfilar todos os bispos e cardeais diante dos fiéis reunidos. Pode haver figuras impressionantes em inteligência, em capacidade de administração, em zelo apostólico. Mas o olhar de todos se fixa sobre Dom Hélder Câmara. Porque ele é carismático. A figura é irrisória. Parece o servo sofredor sem beleza e ornamento. Mas dele sai uma força de ternura unida ao vigor que se impõe a todos.

Muitos podem falar. E há bons oradores que atraem a atenção. Mas deixem Dom Pedro Casaldáliga falar. A voz é rouca e às vezes quase desaparece. Mas nela há tanta força e tanto convencimento que as pessoas ficam boquiabertas. É a irrupção do carisma que faz um bispo frágil e fraco parecer um gigante.

Há políticos hábeis, poucos incorruptíveis, grandes administradores. A maioria maneja o verbo com maestria.

Mas façam o Lula subir à tribuna, diante das multidões. Começa baixinho, assume um tom narrativo, vai buscando a trilha melhor para a comunicação. E lentamente adquire força, as conexões surpreendentes irrompem, a argumentação ganha seu travejamento irretocável, o volume de voz alcança altura, os olhos se incendeiam, os gestos ondulam a fala, num momento o corpo inteiro é comunicação, argumentação e comunhão com a multidão que de barulhenta passa a silenciosa e de silenciosa a petrificada para, num momento culminante, irromper em gritos e aplausos de aprovação. É o carisma fazendo seu advento no político Luís Inácio Lula da Silva, o retirante nordestino, o sobrevivente da grande tribulação, o metalúrgico, o líder sindical, o fundador do Partido dos Trabalhadores, o candidato à Presidência da República que, vitorioso, levou ao poder aqueles que sempre estiveram alijados dele há quinhentos anos.

As forças inteiras do cosmos que ajudaram a cada pessoa humana chegar até aqui se condensam nos carismáticos e em cada pessoa que também é portadora de carisma. Não sem razão Max Weber, o grande estudioso do carisma, chamou-o de *estado nascente*. O carisma atualiza, cada vez que irrompe, a criação do mundo na pessoa na qual emerge. A função dos carismáticos é a de serem parteiros do carisma que está dentro das pessoas. Sua missão não é dominá-las com seu brilho, nem seduzi-las para que os sigam cegamente. Mas despertá-las da letargia do cotidiano. E, despertas, descobrirem que o cotidiano em sua platitude guarda segredos, novidades, energias ocultas que sempre podem acordar e conferir novo sentido e brilho à vida, à nossa curta passagem por este universo.

III
A vida espiritual como caminho

A palavra *caminho* concentra em si uma das mais profundas experiências do ser humano em seu enfrentamento com a tarefa da vida. A vida nunca é um dado. É sempre uma tarefa. Algo que deve ser feito e conduzido. Não se vive simplesmente porque não se morre. Viver é caminhar. Caminhar supõe caminho. Qual é o caminho da vida? É a própria vida. Vivendo se vai construindo o bom ou o mau caminho; vale dizer: o *modo* como se vive constitui o caminho da vida ou a vida como caminho.

Qual é o modo de se viver (caminho) que mostra mais a vida como vida? Qual é o caminho (modo de viver) que revela mais aquilo que a vida esconde dentro de si e que força por se revelar?

Como se depreende, o *caminho* encerra uma das experiências mais primitivas do ser humano. Não se precisa explicar o que seja um caminho. Cada qual possui um saber existencial sobre o caminho. Todos sabem: sem um caminho não se pode andar; a gente se sente perdido como que numa selva. O caminho é luz e libertação; é presença de sentido porque existe direção.

Os mitos mais antigos, as religiões e filosofias nos falam do caminho. O taoísmo chinês se apresenta como caminho. *Tao* significa simplesmente "caminho". Não qualquer caminho, mas o caminho do meio que é o meio do caminho.

75

O primeiro dos textos clássicos do taoísmo se chama *Tao Te Ching*, que quer dizer: Livro do caminho e da virtude. Conhecemos o Caminho (Via) de Chuang-Tzu. A nossa tradição grega conhece o mito de Héracles confrontado com os dois possíveis caminhos a serem percorridos pela vida: um, curto, sem fadigas, plano; e outro, íngreme, longo e cansativo. O primeiro conduz ao vício; e o segundo, à virtude. São as duas maneiras de se viver e conduzir a vida. O Primeiro Testamento, especialmente os salmos, nos apresenta os dois caminhos: do bem e do mal; da justiça e da perversidade; da luz e das trevas. A revelação divina expressa a comunicação do caminho de Deus aos humanos. Em outras palavras: Deus revela o *modo* como quer ser servido, manifesta o *modo* como os humanos devem andar no per-curso de sua vida. No Segundo Testamento Jesus se anuncia: "Eu sou o Caminho" (Jo 14,6). Ao proclamar isso, quer dizer: eu sou a manifestação do modo de vida que Deus quer. Por isso, desde os tempos mais antigos, o cristianismo sempre se entendeu como Caminho e seguimento de Jesus Cristo. As distintas espiritualidades se compreendem como caminhos dentro do único Caminho que é Jesus Cristo.

Mas que é fundamentalmente caminho? Vamos abordar o tema em dois níveis diferentes: um mão a mão e outro mais profundamente.

1. Caminho como per-curso

Numa primeira abordagem, o caminho aparece como o per-curso entre dois pontos distintos e distantes.

Ele é o curso de um para o outro, aproxima-os e estabelece comunhão entre eles. Sua função é ligar, ser ponte. Não existe caminho para si mesmo. Caminho é sempre de alguma coisa para outra coisa. Caminho sempre leva a algum lugar. Caso contrário não é caminho, mas des-caminho. Beco sem saída. Nesta acepção, caminho emerge como algo dado e construído. É um uso. Anda-se pelo caminho feito, na direção que ele indica.

A história humana é feita pelos caminhos construídos que nada mais são senão as experiências bem feitas, acumuladas, codificadas, sistematizadas e propostas como orientações aos que entram na vida e se põem a caminhar. Tudo possui o seu método. *Método* em grego significa simplesmente "caminho".

Nunca será de menos entrar em contato com a tradição, com os mestres em todos os âmbitos da experiência humana, porque assim aprendemos a caminhar com aqueles que caminharam primeiro e exemplarmente. Aqui reside para o cristão a importância do conhecimento histórico da santa humanidade de Jesus de Nazaré, dos modos como ele se relacionava com Deus, do jeito como tratava o povo, os humildes, os poderosos, os doentes, como dialogava com os líderes religiosos e políticos, com as crianças e com as mulheres, quais eram suas atitudes face à ordem social, à riqueza, aos conflitos humanos e à natureza. Nisso tudo se mostra o seu caminho, a forma como andou; e quem assim caminhava não era um qualquer, mas era o novo Adão, o filho do ser humano, aquele no qual Deus mostrou o caminho verdadeiro, no qual Deus mesmo se fez caminho para nós.

O estudo do Jesus histórico não se esgota numa curiosidade legítima; está no interesse da fé e da vontade de seguimento das atitudes e dos mesmos passos pelo Verbo da vida. Andando como ele andou, podemos alimentar a esperança de chegar lá onde ele chegou: a radical comunhão com Deus a ponto de se identificar com ele, na plenitude da personalização.

O que faz os mestres serem mestres? Os mestres são mestres e Cristo é Mestre porque seus caminhos de vida realizaram por excelência o sentido de todo o caminho que é de unir dois pontos distantes e distintos. Quais são os dois pontos? Aquilo que somos e aquilo que devemos ser; a realidade e o projeto; a história e a utopia; o afirmativo e o imperativo. O caminho dos mestres ligou e aproximou os dois pontos. Os mestres foram aqueles que, caminhando pela vida, lograram aproximar o projeto à sua concreção histórica, anteciparam, embora de forma incompleta, a utopia dentro da realidade. Quanto mais conseguiram realizar semelhante tarefa, mais mestres se fizeram, mais evocadores e convocadores de outros se tornaram. Jesus Cristo foi aquele que alcançou profunda identidade entre o projeto e a realidade, entre desejo infinito e sua concretização no tempo; aquele no qual o desígnio de Deus sobre a criação se anunciou com clareza. Por isso é crido e venerado como o novo ser humano, aquele sobre o qual Deus disse: "Este é o meu Filho muito amado, ouvi-o!" Daí ser para os cristãos o Mestre e o Caminho!

A dimensão da vida como caminho revela que o ser humano é essencialmente *viator*, um viageiro. Não possui ainda a vida em plenitude. Não acabou de nascer. Cumpre andar sempre até acabar de chegar a si mesmo. Parar já é recuar. Nem lhe é permitido descansar. Para entrar na terra prometida onde vigora a vida sem lacerações, tem que percorrer bem o caminho do bem-pensar, do bem-fazer e do bem-esperar, largar a pátria passageira, fazer permanentemente uma experiência abraâmica e demandar o paraíso. É para lá que os caminhos dos mestres visam conduzir.

2. Caminho como um caminhar

Mais importante que per-correr um caminho e fazer um per-curso é fazer caminho. Percorrer um caminho é andar por sendas abertas por outros e já palmilhadas pela tradição. O risco é menor e a certeza mais consistente. Abrir caminho é explorar pelo ignoto, afrontar perigos e correr riscos. O que resulta é o *meu* caminho e a *minha* direção na vida. Não se trata mais de um caminho como algo já feito e construído do qual faço uso; trata-se de um caminhar. No caminhar se faz o caminho.

Os mestres caminharam. Com destemor e braveza. O resultado foi um caminho por eles construído. Os mestres viveram profundamente sua vida com as intimidações, com os riscos e com as oportunidades que comporta. A consequência foi um jeito típico de viver que se depreende de sua vida. O importante residiu na forma como plasmaram seu viver e seu caminhar.

Não devemos imaginar o caminhar como um ato absolutamente novo e no escuro. Na história não nos é dado assistir a um começo absoluto. Sempre nos encontramos, também os mestres, dentro de um caminho andado. É o caminho da vida que é sempre recebida de outrem. E a vida é concreção; é a família, a tradição dos pais, os valores estabelecidos; o *ethos* do grupo, o sentido da vida e da morte, da alegria e da dor estatuídos pela cultura dentro da qual nascemos. Não obstante, o ser humano não é como um elemento químico que, dadas as mesmas condições, sempre reage da mesma forma. Não é um robô pré-pro-gramado. O ser humano é surpreendente: re-age, assimila a seu modo, rejeita, assume e integra a seu jeito. Faz a sua síntese a partir de um centro que é sua individualidade irrepetível, sua personalidade.

Para o mundo dos objetos existem fórmulas e métodos universalmente válidos. Para o mundo das pessoas não vigora nenhuma fórmula feita. Há evocações, apelos, chamados, orientações. Por isso não se podem re-produzir e fazer em série experiências espirituais como se fazem experimentos científicos ou se produzem artefatos em série. Cada qual vê o mundo com o olho que possui e sintetiza a realidade a partir de onde seus pés pisam e sua vista alcança. Pois todo ponto de vista é sempre a vista de um ponto. Mesmo que alguém se proponha seguir fielmente os passos de Jesus Cristo, de são Francisco ou de Gandhi, jamais acabará sendo Jesus Cristo, São Francisco ou Gandhi. Terá seguido e construído o seu caminho, na inspiração e evocação daqueles mestres. Em outros termos: nunca haverá um simples uso de um caminho feito por outros. Não existem caminhos que o levem infalivelmente à meta. Cada um tem de caminhar. Como sentenciava o poeta espanhol Antônio Machado: "Caminhante, não há caminho: faz-se caminho ao caminhar!" Cada um tem de ser caminho. Assim como ninguém pode viver no lugar do outro, assim também ninguém pode caminhar no lugar do outro.

3. Caminhando se faz caminho

Caminhar significa auscultar e seguir os apelos que emergem do coração da própria vida. A vida humana apresenta toda sorte de apelos, mas que fundamentalmente se reduzem a duas ordens: apelos que conclamam para o eu e apelos que chamam para o outro. Uns concentram a pessoa sobre si mesma, outros a descentram na direção de um tu pessoal ou coletivo. Uns constituem a autoafirmação do eu até a sua magnificação idolátrica, outros configuram a capacidade de autoentrega até o sacrifício da própria vida.

São os dois amores dos quais se referia Santo Agostinho na *Cidade de Deus*, amores que constroem duas cidades com destinos diferentes. Esses apelos se fazem sentir dentro da vida de cada pessoa. São os caminhos possíveis como projetos fundamentais da existência. Como projetos fundamentais, são excludentes, embora na concreção da vida se permeiem. Mas um comporá a direção de fundo e o sentido radical da vida: concentrada sobre si mesma ou descentrada para o outro.

Os mestres com seus caminhos são evocadores da dimensão da alteridade, do êxodo, da aventura do encontro com o diferente do eu. E garantem: nesse caminhar se encontra a felicidade, por mais áspero que se apresente o caminho; nesse caminhar, a vida desabrocha como vida verdadeiramente humana; nesse caminhar se descobre Deus e com ele todo o sentido do universo. No outro caminhar, depara-se com a errância humana, com as ilusões que comporta, apesar das facilidades e glórias que concede. O caminho se desmascara como des-caminho.

Só anda verdadeiramente no caminho dos mestres e do Mestre Jesus Cristo quem fizer a mesma experiência que eles fizeram: experiência de obediência às evocações do amor, da honestidade, da sinceridade, da honradez, da abertura, do respeito e acolhida do outro. Andará o seu caminho à luz que se irradia de seus exemplos de profunda humanidade. Eles não querem nem podem nos substituir na tarefa de andar; o que eles podem e querem é que andemos o nosso caminho com destemor e com criatividade; para isso nos con-vocam, pro-vocam e e-vocam.

IV
Dois projetos de vida: o espírito e a carne

O ser humano pode ser estudado a partir de distintos interesses. Assim surgem as diversas ciências que têm o ser humano como seu objeto de conhecimento. Cada uma delas projeta sua imagem e sua utopia acerca do ser humano. Cada ciência é um ponto de vista entre outros possíveis e legítimos. Cada ponto de vista é a vista de um ponto. Por isso nenhum deles exaure todo o conhecimento sobre o ser humano (homem e mulher).

Aqui nos interessa o ponto de vista teológico. Este pergunta: "Como é e como deve ser o ser humano à luz da Última Realidade, à luz de Deus? O que quis o Criador ao criar o ser humano?" A teologia vê o ser humano não a Partir da Terra, de seu substrato cósmico-biológico-sócio-evolutivo, de sua estrutura espiritual, de sua historicidade, mas a partir do céu e do desígnio do Eterno.

No interesse de nossa reflexão pergunta-se: "Que é e como deve ser o ser humano na perspectiva de Deus? Como o ser humano (homem e mulher) aprende a tornar-se aquilo que deve ser?"

1. Fé e condição humana

Duas são as principais fontes de conhecimento teológico para os cristãos: a revelação do próprio Deus contida nas Escrituras (e também nos textos sagrados das grandes tradições espirituais da humanidade), lidas e interpretadas dentro da comunidade da fé (Igreja com sua Tradição) e a revelação de Deus pela criação, pela evolução e pela história, susceptível de ser percebida e descodificada pela razão devota.

Mediante essas duas fontes se procede a leitura específica da teologia acerca da condição humana. Há duas maneiras de existir que recebem especial interpretação por parte da teologia: a existência na carne e a existência no espírito. Essa terminologia é consagrada na tradição judaico-cristã. Consideremos, brevemente, esses dois modos de organizar a vida.

a) A existência na carne

O ser humano apresenta uma dimensão voltada para o mundo e participa do destino do mundo. Tudo no mundo, na natureza e na história, se revela como caduco, passageiro e submetido à lei fundamental da entropia. Existe a debilidade, as limitações de toda ordem que, não consideradas, causam sofrimento e opressão. Não existe nenhuma realidade que consiga se subtrair à força corrosiva do tempo. Por isso a mortalidade caracteriza todas as realidades e empreendimentos humanos. Essa condição humana é objetiva e independe das interpretações que lhe conferimos. Constitui uma experiência primordial e um fato primeiro.

As Escrituras judaico-cristãs chamam a essa situação existencial de *carne*. O ser humano dimensionado para o mundo mortal é o ser humano-carne. Ele vive na carne.

Não se trata de uma parte do ser humano, seu corpo, sua carne, contraposta ao espírito. Não; trata-se do ser humano todo inteiro submetido às contingências do nascimento, do crescimento, dos achaques, da vulnerabilidade face às intimidações vindas da realidade e, por fim, à própria morte. Quando se diz que o Verbo se fez carne e armou sua tenda entre nós (cf. Jo 1,14), significa: o Verbo se fez criatura fraca, exposta às contingências do mundo, vulnerável e mortal.

Essa descrição fenomenológica não é específica das Escrituras. Mas é comungada por todos, em todas as culturas e tradições, pois todos vivem essa condição humana. As Escrituras elaboraram a sua interpretação dessa realidade. Por que o ser humano é assim? É assim porque é criatura. *Criatura* é uma categoria teológica e um registro de interpretação. Quando se diz que o ser humano é criatura, isto é o que se diz: ele não é Deus, não é a Realidade Última, nem é independente. Para elucidar sua existência tem que se remeter à outra Realidade mais originária e primeira, o Criador.

A criatura é o ser que vem do Criador, continuamente é sustentada pelo Criador e foi criada para o Criador. Em seu existir e subsistir se encontra permanentemente nas mãos do Criador. Dizer criatura é dizer dependência e, por isso, limitação. De per si, deixada à sua própria sorte, a criatura voltaria ao nada de onde veio. Para persistir, necessita permanentemente da palavra criadora de Deus: "Faça-se"! A criatura foi feita mortal. A morte não lhe foi imposta como castigo. A estrutura da vida é mortal porque a vida se vai desgastando dia a dia, vai morrendo lentamente até acabar de morrer. A morte é natural. O castigo consiste na forma concreta e histórica como o ser humano morre: rejeitando-a, angustiando-se, vivendo-a como um fim desastroso e não como porta para uma forma mais alta de vida. Isso é fruto do pecado, como se dirá no cristianismo.

b) A existência no espírito

O ser humano enraizado no mundo (carne) não se perde no mundo. E o único ser da criação capaz de transgredir os limites nos quais vive. Guarda a memória do passado, distende-se em esperança para o futuro e pode contestar as injunções do presente. Existe um desejo infinito nele. Por isso seu pensamento habita as estrelas e o céu. Ele pode identificar Deus no percurso das coisas e estabelecer uma aliança com ele. A partir de Deus, vivido como Fonte originária de todo ser, relativiza os poderes históricos, religiosos, políticos e ideológicos que pretendem se apresentar como última instância. O ser humano, a partir da Última Realidade que entrevê, ri e tem humor acerca da demasiada seriedade do teatro humano.

Essa experiência não é especificamente bíblica. É universal. Cada qual a seu modo faz semelhante experiência. As Escrituras chamam a essa condição de *espírito* e o ser humano de homem-espírito. Não se trata, novamente, de uma parte do ser humano à distinção de outra (carne ou corpo), mas do ser humano todo inteiro enquanto ultrapassa o mundo, rompe os tabus, nega horizontes limitados e sente-se um projeto infinito. Por isso, tem o rosto voltado para o céu e é capaz da comunicação que rompe as malhas do eu. É o que se entende por transcendência, filosoficamente falando.

Por que o ser humano é espírito? Aqui aparece o diferencial da leitura teológica: porque o ser humano é um projeto infinito, não cabe em nenhum mundo dado, porque, em seu limite, é *filho de Deus*. Como carne o ser humano participa dos demais seres do mundo; é criatura com eles e como eles. Como espírito ele é único. Somente ele é filho e filha de Deus consciente, por uma relação mais radical do que aquela que se estabelece pelo fato da criação. Ser criatura é ser filho e filha, mas sem a consciência de sê-lo. Filho ao nível consciente e humano não é apenas uma fatalidade nem define tão somente o nexo causal entre pai-filho. Filho, além dessa dimensão inegável, implica uma dimensão pessoal e livre, porquanto implica uma relação de reconhecimento mútuo entre pai e filho.

Como filho de Deus, o ser humano é imagem e semelhança de Deus (cf. Gn 1,26). Participa da natureza de Deus, como o filho e a filha participam da natureza do pai. Por isso, enquanto espírito, o ser humano é sagrado e inviolável. Quem o toca, toca em Deus. Enquanto espírito, o ser humano é imortal e destinado à plenitude da vida porque continuamente se alimenta da Fonte de todo ser e de toda vida. O filho e a filha receberam como herança do Pai o mundo para nele exercer sua liberdade e ajudar a construí-lo em reino de Deus. Por isso sua missão terrenal é ser o jardineiro do Éden, aquele que guarda, cuida e cultiva, tira virtualidades da natureza e as concretiza (cf. Gn 2,15). Foi criado criador. Completa a obra que Deus deixou intencionalmente incompleta para o ser humano poder completá-la e fazer-se coparticipante da energia criadora de Deus.

2. Duas opções fundamentais: viver segundo a carne ou viver segundo o espírito

Essas duas situações fundamentais caracterizam o ser humano em sua objetividade. Não depende de sua vontade. Mas há uma singularidade: aquilo que a criação fez, deve ser assumido conscientemente pelo ser humano. O que é dado, deve se transformar num projeto de vida.

O ser humano deve optar: pode viver um projeto de vida ou segundo a carne ou segundo o espírito. São dois universos distintos, com lógicas diferentes e desfechos opostos.

Assume o projeto da carne com seus imperativos e então organiza a vida conforme os cânones do mundo transiente, caduco e mortal. Considera sua vida no mundo como a única realidade e obedece aos mecanismos da mortalidade: fecha-se sobre si mesmo, goza egoisticamente dos bens terrenos, atende indistintamente às exigências da passionalidade humana. Não vislumbra nada para além dos limites do nascimento e da morte. Tudo se reduz em construir este mundo, em assegurá-lo o mais possível preservado da morte, embora jamais o consiga, em considerar os demais apelos para o alto, para uma vida eterna como fantasmagorias do imaginário humano e, por isso, como irrealidades que convém desconsiderar. Para o ser humano do projeto-carne, a ganância de acumular é inteligência, a rapina é esperteza, a trapaça é habilidade, a corrupção é sagacidade, a exploração é sabedoria.

As consequências da vida segundo a carne são, como refere o apóstolo Paulo, a impureza, os ódios, as discórdias, os ciúmes, as invejas, as divisões e as orgias (cf. Gl 5,19-21). Em outras palavras, a vida segundo a carne conduz a uma existência inautêntica e pretensamente feliz. Em razão disso, as Escrituras entendem como equivalente o andar segundo a carne com o viver no pecado. Carne é a debilidade moral, é a infidelidade aos chamados da consciência, à obediência a Deus.

Mas existe a outra opção fundamental: viver segundo o espírito. O que vive segundo o espírito não está livre do peso da vida, da opacidade da existência terrena, das tribulações da dor e das angústias e da sujeição ao império da morte. O que vive segundo o espírito assume sem lamúrias essa condição humana; compreende-a como pertencendo à sua estrutura criacional; acolhe a mortalidade e a pequenez como inerentes a toda criatura. Mas não organiza sua vida em função da carne. Dá-se conta de um apelo maior. A carne não pode definir o quadro final da vida nem fornece o sentido derradeiro do buscar do coração. O nosso desejo infinito só se sacia com um Objeto Infinito. Ele se chama Fonte originária de todo ser, aquilo que as religiões chamam de Deus, Alá, Javé, Tao, Olorum. Essa Realidade Última não tem a estrutura dos objetos que encontramos à nossa volta. Ela é o não Objeto, o não Coisa. Ela possui as características do Mistério. Este se dá sempre e em todos os lugares e tempos, mas também se subtrai a todos os tempos e lugares. A ele chegamos pela morte, vista não como um fim, mas como o momento alquímico de passagem para o Inefável e para a Fonte da vida, ânsia do coração. Somente Deus pode ser o descanso do inquieto coração. Por isso o ser humano "espiritual" vê este mundo com os olhos da eternidade, a vida ultrapassando para além da morte e a condição presente como ordenada à condição celeste ainda por vir.

Esta vida não é tudo: *non omnis confundar, non omnis moriar*, dizem os textos sagrados; traduzindo: "não serei confundido totalmente nem morrerei totalmente". O mundo é ponte para o reino, por isso não se constitui em absoluto, subsistente em si mesmo. Entretanto o reino e a vida celeste se antecipam e se alcançam mediante a vida honesta justa e humana neste mundo. Por ser relativo, o mundo não perde seu valor; ordena-se a algo maior, do qual já é preparação e antecipação.

Viver segundo o espírito é viver filialmente face a Deus, na devota obediência de sua vontade; fraternalmente com os irmãos e responsavelmente frente ao mundo como um jardineiro cuidadoso e guardião zeloso da reta ordem das realidades da natureza e da história.

Quem vive segundo o espírito viverá sempre, mesmo que passe pela morte, pois participa da fonte da vida que é Deus. À luz dessa compreensão, Jesus podia dizer: "O espírito é quem dá a vida; a carne para nada serve" (Jo 6,63), e Paulo redizia: "As tendências da carne são a morte, mas as do espírito são a vida e a paz" (Rm 8,6).

Ao ser humano é dado viver estas duas opções fundamentais: ou entender-se a partir de si mesmo, de sua existência meramente terrestre, dos interesses históricos e fazer de sua trajetória mortal o sentido radical de sua vida; ou organizar sua vida e o sentido de seu viver a partir de Deus, da destinação futura, do mundo que está por vir. Assim se fundam duas maneiras radicais de viver, carnalmente e espiritualmente.

Esclarecido está que viver segundo a carne é viver, na centração sobre si mesmo, também aquelas realidades que comumente chamamos de espirituais, como a atividade da inteligência, as práticas sociais e até as práticas religiosas. Alguém pode ser religioso e enquadrar a religião nos interesses da carne. Ao rezar, não busca Deus, mas busca a si mesmo usando Deus como consolo e como fetiche para o sucesso de seus interesses. Busca-se o extraordinário e usam-se os bens simbólicos em função da ordem deste mundo. É um viver segundo a carne como foi denunciado por Jesus, mesmo que esse viver se organize em torno da piedade como era o caso dos fariseus.

Esclarecido também está que viver espiritualmente significa ainda assumir as dimensões materiais da vida, do trabalho, da transformação do mundo, da solidariedade com os pobres, da proteção da natureza; as formas de ordenação social e econômica vistas a partir da instância divina e direcionadas ao reino de Deus. Viver espiritualmente é viver a totalidade da vida enquanto iluminada e interpretada não a partir dela mesma, mas a partir do mistério de Deus e de sua revelação plena em Jesus Cristo e nas grandes figuras espirituais da humanidade, ontem e hoje.

3. A coexistência da carne no espírito e do espírito na carne

A condição presente vem marcada pela coexistência e interpenetração de carne e de espírito. Cada ser humano é penetrado e atravessado por essas duas maneiras de ser. Sua vida é a arena onde se travam as lutas pela opção fundamental orientada pela carne ou pelo espírito. Nenhuma consegue derrotar totalmente a outra: dialeticamente se implicam. Dito de outra maneira: o dia-bólico (o que desune) convive tensamente com o sim-bólico (o que une). Ambos porfiam por prevalecer. A opção pelo espírito redime o ser humano, mas a carne faz notar permanentemente sua presença; faz-se mister vigilância para que ela não levante a cabeça e tome a direção da vida; a opção pela carne não consegue afogar as interpelações da consciência e os convites vindos do espírito.

Na condição presente não é dado ao ser humano ser totalmente espiritual ou gozar plenamente de sua carnalidade. Sente-se dividido e suplica por libertação para que possa ser inteiro e em plenitude. Por isso é simultaneamente justo e pecador, liberto e oprimido e sempre ansioso de libertação. Mas importa optar por uma direção que marca o sentido dominante na vida: ou segundo a carne ou segundo o espírito. Aqui se decide sua salvação ou sua perdição.

4. "Escolhe a vida e viverás"

Por que é decisiva a opção pelo espírito? Porque é a única forma de o ser humano garantir a sua vida. O sentido da vida é viver, irradiar vitalidade, escapar da morte, manter-se no ser. Para isso deve aprender a ser. A glória de Deus, no dizer de Santo Ireneu, é que o ser humano viva, porque, finalmente, ele foi criado como um "ser vivente" (Gn 2,7). Todo o sentido da revelação de Deus, de seus mandamentos, do Sermão da Montanha é que o ser humano tenha vida e realização: "Escolhe a vida e então viverás" (Dt 30,19). Essa vida é tão forte que atravessa a morte biológica. Quem elegeu a vida segundo o espírito viverá mesmo que morra (cf. Jo 11,25; 8,51; 6,40); o decisivo não é garantir uma longevidade biológica, mas a vida eterna que é a própria vida transfigurada em Deus, fonte de toda vida.

A opção pelo espírito implica ruptura com a opção pela carne. Há uma passagem dolorosa que é a conversão. Não é um ato, mas uma atitude e um processo de conferir centralidade à vida e ao Deus que se oculta atrás de toda vida. O Profeta Amós coloca nas palavras de Javé esta exigência: "Buscai-me e vivereis" (Am 5,4). Ezequiel dá o seguinte torneio: "Convertei-vos e vivereis" (Ez 18,32), e Jesus explicitamente declara: "Se não vos converterdes [...], não entrareis no reino dos céus. [...] Se não vos converterdes, vós todos perecereis" (Mt 18,3; Mc 10,15; Lc 18,17). Na medida da conversão, vale dizer, da interiorização do projeto do espírito, nessa medida o ser humano participa da eternização da vida e se subtrai aos tentáculos da morte.

Para que viver? A vida possui um sentido em si mesma, pois é um valor último. Entretanto a vida assim explicitada não mostra seu valor. Ao concretizar-se no ato de viver, aparece o sentido inapelável da vida. Para a experiência bíblica, três são as grandes manifestações da vida: no espaço do mundo, na atmosfera do amor e no meio divino. Nesses espaços se mostra o sentido de nosso viver.

Em primeiro lugar, no espaço do mundo, a vida humana se exerce na responsabilidade e no cuidado por todas as coisas. O ser humano é incumbido do cuidado e da administração responsável da ordem deste mundo. No exercício dessa tarefa, ele se constitui imagem e semelhança de Deus (cf. Gn 1,26). O mundo em sua alta complexidade desafia o ser humano; este o organiza na satisfação de suas necessidades de forma ordenada e sistemática; o trabalho constitui a forma pela qual o ser humano inter-age com a natureza e transforma o mundo em paisagem humana e fraterna. O cuidado e a administração não são despóticos, destruindo o mundo como herança, mas como um cuidado zeloso e uma administração sábia e prudente. O ser humano carnal se apossa do mundo, depreda-o e investe nele toda a virulência de sua agressão no afã de arrancar-lhe todos os segredos e aproveitar de seus recursos, na maioria deles não renováveis. Faz do mundo e do trabalho lucrativo o seu deus. Por isso se escraviza à ordem que ele criou. Somente o ser humano espiritual pode assumir o mundo com cuidado e responsabilidade porque sabe da tarefa recebida de Deus e porque compreende que ambos se pertencem um ao outro. O ser humano não pode viver sem o mundo, sem seus elementos cósmicos, sem suas energias físico-químicas e vitais.

Nem o mundo assim como se encontra hoje, antropologiza-
do, vale dizer, modificado pelo ser humano pode se manter
sem o ser humano.

Por que viver? Para amar e relacionar-se fraternalmente e sororalmente com o outro, feito próximo e irmão. Viver
assim implica superar todo espírito de competição que é o
motor do modo de produção e da cultura do capital, rele-
gando à margem a cooperação. Implica colocar sob controle o ódio e o instinto de egoísmo e de vingança que são con-
creções do projeto segundo a carne. Viver segundo o espírito é viver o amor incondicional que encerra até o inimigo;
quem vive a partir de Deus, começa a agir como Deus que
"ama os ingratos e maus" (Lc 6,35) e "dá o sol e a chuva a
justos e a injustos" (Mt 5,45).

Por fim, o sentido derradeiro do viver se mostra no louvor a Deus. Os céus cantam a glória do Criador (cf. Sl 8),
objetivamente, por sua própria realidade ôntica. Ao ser humano é dado associar-se à cantilena da criação inteira e ser
o sacerdote pelo qual o louvor cósmico se faz consciência e
celebração. Não apenas a criação é motivo de louvor, mas
principalmente as gestas históricas de Deus, a misericórdia
e o amor com que ele acompanha em todos os tempos o ser
humano, sem jamais deixá-lo à sua própria sorte para que
não se perca definitivamente.

5. O espírito que ressuscita a carne

Quem vive o projeto segundo o espírito vai lentamente
vivificando a carne. A fragilidade, a pequenez, a enfermidade, a morte, o próprio pecado são reassumidos à luz da perspectiva de Deus. É precisamente nessa atitude que consiste
a vida segundo o espírito; não implica recalcar ou negar a

própria realidade de criação e de criação decaída; pelo contrário, exige um acolhimento e aceitação humilde e devota. Essa aceitação abre espaço para a vida ter sempre a última palavra e triunfar.

A fé cristã expressa esse triunfo da vida sobre a morte mediante a temática da ressurreição. Notemos bem: a ressurreição não diz respeito *diretamente* à alma humana; não se trata da imortalidade do espírito que deixa atrás de si o peso morto da matéria e enfim se vê liberto do corpo limitado pelo espaço e pelo tempo. Os gregos viam na imortalidade da alma a grandeza do ser humano; a sua corporalidade era vivida como um cárcere; o corpo não tinha nenhum futuro porque não era portador de valor positivo. Ele detinha, como um prisioneiro, o espírito que ansiava romper os limites e se universalizar. A morte era um bem – ensinava Sócrates – porque libertava e imortalizava o espírito. A carne, o corpo terrestre, a fragilidade, a mortalidade, se retratavam no futuro do cadáver: desaparecimento e dissolução no pó cósmico.

É nesse contexto que aparece a novidade cristã: o que não tem futuro, o que não é – a carne –, tem futuro e revela a plenitude do ser. A carne ressuscita. O espírito redime a carne, transfigura-a, quebra-lhe a caducidade e a imortaliza. Por isso o projeto do espírito é o projeto da vida da carne. Quem vive segundo o espírito entra num processo de vitalização daquilo que em si seria mortal, caduco e meramente terreno. Não há nada de criado que não possua uma destinação eterna feliz. Viver segundo o espírito não significa apenas garantir a própria vida; significa fazer-se princípio de ressurreição e instrumento de vivificação da caducidade natural da criação. Quem se entrega à vida segundo a carne morre com a carne, vale dizer, se frustra definitivamente: é uma semente que jamais vai germinar; é um botão que jamais vai se abrir; é uma espiga que jamais será segada para ser o trigo bom de Deus. Viverá na morte. Mas quem vive segundo o espírito vive como o espírito e mergulha na Fonte de toda vida, em Deus.

6. O sentido fundamental da vida: ser Deus por participação

A ressurreição mostra a destinação divina e eterna do ser humano. Não vivemos para morrer. Morremos para ressuscitar. Ressuscitamos para quê? Que conteúdo possui esta vida humana ressuscitada? A que ela se ordena em última instância? A vida humana se destina a ser o templo de Deus. O ser humano existe por causa de Deus e para Deus. Deus encontra no ser humano uma realização para si que de outra forma não teria. Deus quer comunicar a sua própria vida. Criou a vida humana para ser o receptáculo desta vida divina. Quis fazer sua a vida humana, entrar nela, assumi-la. E assim divinizá-la. Então Deus se faz humano. Numa noite de Natal, entre animais, numa estrebaria, nasceu aquele Infante que trazia Deus para dentro da história humana e cósmica. Ao fazer-se humano, Deus se humaniza. Ao fazer-se divino, o ser humano se diviniza. Ele se faz Deus por participação.

Aqui reside o sentido terminal da vida humana ressuscitada: tornar-se Deus por participação. Ela permite uma "realização" nova de Deus que se autocomunica a alguém diferente dele. Ao autocomunicar-se ao ser humano, eleva esse ser humano à sua própria altura divina. Não o ser humano simplesmente, mas a carne humana (a condição humana frágil). O pequeno, o humilde, o terreno, o limitado, o fraco, o enfermiço, o mortal é feito receptáculo de Deus.

Feito receptáculo de Deus, transfigura-se em realidade divina, sem perder sua condição de criatura.

Assim a destinação última do ser humano não se encerra com a ressurreição. Esta abre um passo final: a assunção do ser humano por parte de Deus. Assim e somente assim descansa o buscar incansável do coração. O pulsar do coração humano assume o ritmo do pulsar do coração de Deus.

7. Aprendendo a ser

Haverá técnicas para viver? As técnicas supõem a vida. Aprendemos a viver, vivendo, como aprendemos a caminhar, caminhando; não de qualquer maneira, mas vivendo a vida do espírito que é a vida do ser humano todo inteiro (em seu corpo e em sua alma) enquanto se assume em sua debilidade e mortalidade e humildemente se interpreta e orienta seus passos a partir de Deus, no cuidado e na administração das tarefas do mundo, na fraternidade e na sororidade com os outros e na louvação a Deus. Sempre aprenderá na medida da seriedade com que assumirá sua tarefa de ser homem ou mulher radicalmente. E poderá desaprender na medida em que se deixa nortear pelo projeto da carne que é a vida que se basta a si mesma, satisfeita consigo mesma e encapsulada no horizonte da vida e da morte.

Sabedoria é viver segundo o espírito porque se elegeu a vida. Essa sabedoria não é iniciática nem privilégio de alguns. Segundo as Escrituras, a sabedoria verdadeira "clama das ruas, eleva sua voz nas praças, se proclama em cima dos muros e faz ouvir sua voz à entrada das portas da cidade e por todas as partes" (Pr 1,20-22). E o homem e a mulher que a escutam se fazem sábios, "sobem pelo caminho da vida e evitam a descida da morte" (Pr 15,24). Porque aprenderam a viver.

Terceira parte
Espiritualidade e vida religiosa

I
Os caminhos da vida religiosa

É obra do Espírito captar a relevância evangélica de seguir Jesus Cristo pelo caminho mais difícil: o caminho dos pobres, dentro de uma sociedade perversa na qual as grandes maiorias não têm seus direitos sociais garantidos e no interior de uma Igreja comprometida com a libertação.

Não é fácil recolher as grandes linhas de busca da vida religiosa latino-americana dos últimos tempos. Necessitamos recorrer a esquemas, embora saibamos que a realidade vivida não pode ser adequadamente captada por esquemas teóricos ou práticos. Mesmo assim, parece que podem ser identificados *três grandes momentos* na evolução da vida religiosa no contexto do Continente latino-americano. Tomamos como referência o final do Concílio Vaticano II em 1965.

1. Vida religiosa e Igreja local: redefinição das estruturas e do voto de obediência

O Concílio Vaticano II (1962-1965) foi essencialmente o Concílio da Igreja, cujo mistério se realiza dentro do mundo dos humanos. A grande intuição dos padres conciliares foi compreender que não é tanto o mundo que deve ir à Igreja, senão a Igreja que deve ir ao mundo. O projeto evangélico não exige uma "eclesiastificação" do mundo, senão – prolongando a lei da encarnação do Verbo – um assumir o mundo e uma libertação das opressões histórico-sociais que o martirizam.

Essa redefinição da missão da Igreja trouxe uma nova identidade à vida religiosa inserida no mundo. É sabido que os religiosos e as religiosas no continente constituem o potencial humano e apostólico mais numeroso e organizado da Igreja. Mas, no nível pastoral, cada congregação religiosa tinha seus próprios projetos, muitas vezes sem nenhuma articulação com a comunidade local. A nova consciência eclesial significou para os religiosos e para as religiosas o encontro com a Igreja local. Não tinha mais lugar continuar mantendo um paralelismo, prejudicial entre vida religiosa e vida pastoral, entre religiosos e religiosas e bispos.

Tanto uns como outros, dentro de carismas diferentes, são chamados a construir a Igreja de Cristo. Os anos que seguiram imediatamente o concílio se caracterizaram como os anos de maior efervescência pastoral dos religiosos e religiosas dentro dos planos de pastoral de conjunto. Evidentemente isso não se deu sem conflitos com velhos hábitos e posições tradicionais, herança do paralelismo pastoral do passado. Apesar das tensões, a experiência foi extremamente benéfica para a vida religiosa e para a Igreja local.

As mudanças incidiram fortemente nas *estruturas* da vida religiosa. Não foram tanto as pessoas que mudaram quanto o caráter rígido e pouco flexível das estruturas religiosas. Por isso, logo depois do Vaticano II se realizaram por todas as partes encontros, cursos e capítulos em função da reforma e agilização das estruturas em sua grande parte anacrônicas e pouco adequadas ao ritmo da pastoral. Tratava-se de dar uma função eclesial a tantas iniciativas dos religiosos e das religiosas na saúde, na educação e na assistência popular. Efetivamente os conventos e obras religiosas começaram a articular-se com os grupos cristãos como cursilhos, movimentos de casais, de jovens, de animação li-

100

túrgica das paróquias e o assumir mais sistemático da catequese. Raiz dessa abertura à Igreja local, os religiosos e as religiosas foram assumindo mais e mais responsabilidades pastorais. Não são poucas as religiosas que têm sob sua responsabilidade o encargo de paróquias, fazendo tudo o que faz um vigário, com exceção da confissão sacramental e da celebração da Eucaristia. São elas que administram todos os outros sacramentos, organizam a liturgia, os atendimentos pastorais e, finalmente, toda a vida paroquial. São muitíssimas as religiosas coordenadoras de pastoral, algumas em nível diocesano. Houve inclusive na Arquidiocese do Rio de Janeiro uma irmã encarregada de toda a pastoral de vida religiosa da cidade, no mesmo nível que os outros bispos auxiliares, participando com eles nas reuniões com o arcebispo. Irmãos, religiosos laicais, antes trabalhando em funções internas de seus institutos, começaram a assumir a pastoral popular, catequese ou a administração paroquial ou diocesana.

A vida religiosa já não se podia considerar uma *ecclesiola* (capelinha) dentro da *ecclesia* (Igreja), senão como uma presença densa de pessoas consagradas a serviço da Igreja e dos homens e das mulheres.

Em termos de vida religiosa essa abertura pastoral colocou a questão do sentido do voto de *obediência*: como entender a obediência quando a vida religiosa já não se pode pensar e viver como uma totalização voltada para dentro de si mesma, senão no seio da Igreja local, com suas opções pastorais? Produziram-se não poucos conflitos entre opções de uma província em relação com pessoas e exigências por parte de bispos que tinham comprometido os religiosos e as religiosas em suas atividades pastorais. As tensões levantaram um problema eclesiológico fortemente vivido na América Latina: o das relações entre religiosos, religiosas e bispos e o sentido da isenção canônica. A obediência foi-se compreendendo mais e mais na linha da fidelidade ao carisma fundacional, adesão à comunidade na qual se vive e capacidade de integração na Igreja local.

A abertura à Igreja foi um passo importante, mas manifestou também um impasse. Primeiramente se tratava de uma renovação intrassistêmica atingindo de modo particular as estruturas eclesiásticas; não se colocava ainda uma questão mais importante, que é a presença da vida religiosa dentro do mundo secular. Além disso, não se havia formulado com precisão o problema da relação da vida religiosa com o povo de Deus. Não basta inserir-se dentro da Igreja e das suas estruturas, senão fazer-se sensível e assumir os problemas do povo, da sua religiosidade, de sua sede de participação e fome de justiça e libertação.

2. Vida religiosa e sociedade: redefinição da fraternidade e do voto de castidade

A inserção da vida religiosa dentro da Igreja local propiciou o encontro com a sociedade. Efetivamente, a Igreja deve ser considerada, num nível analítico, como um subsistema do sistema maior da sociedade. Na Igreja refletem-se as contradições que ocorrem na sociedade, porque os cristãos estão presentes em todos os setores e classes sociais. O encontro com a realidade social ocasionou a tomada de consciência do fenômeno da secularização, do grave problema da injustiça social, da exclusão de milhões de pessoas dos benefícios da civilização moderna, das questões ligadas à sociedade de massa. Tudo isso incidiu como um grande impacto sobre a vida religiosa. Esta se move dentro de quadros sacrais e com toda uma simbologia ligada ao mundo sacral, desde as vestimentas, a mentalidade, o estilo conventual, etc. A secularização, como em outras partes do mundo, suscitou as mesmas interrogações: como ser religioso e religiosa dentro de um mundo secularizado, pragmático, orientado pela eficácia e pela utilização da razão instrumental-analítica?

A resposta a esses problemas traduziu-se pela profissionalização da vida religiosa. Muitos religiosos e religiosas decidiram inserir-se no mundo moderno, assumindo o que é específico dele, que é o trabalho especializado. Preferiu-se trabalhar em organismos oficiais, estatais ou meramente sociais, deixando de parte as tradicionais ocupações das congregações religiosas com suas obras próprias. Em alguns casos, abandonaram-se colégios, hospitais e obras de assistência, entregando-os ao Estado. Os religiosos e as religiosas começaram a trabalhar dentro das instituições da sociedade. A vida religiosa e a Igreja já não apareciam como uma realidade à parte, senão como algo assimilado ao sistema dominante na sociedade.

Muitos começaram a viver em apartamentos, formando pequenas comunidades dentro de um edifício como qualquer outra pessoa. O acento se colocava na fraternidade, no diálogo, na circulação do poder, na participação de todos em tudo. Os laços horizontais predominavam sobre aqueles verticais. Novas formas de oração mais pessoal e participada, menos ritual e codificada puderam ser desenvolvidas. Pode-se dizer que a vida religiosa se humanizou mais, superando uma longa tradição de rigidez e esquematização nas relações humanas. O religioso e a religiosa são pessoas que podem compartilhar um mesmo trabalho, cultivar amizades fora dos marcos conventuais e, finalmente, sentir-se um membro da sociedade humana.

Em termos de votos, foi o voto de castidade o mais aprofundado. A fraternidade e a abertura a um mundo muito mais diversificado do que aquele homogêneo de uma comunidade religiosa colocaram novos desafios à forma como comumente se vivia o voto de castidade. Não se pode negar que esse voto significou para muitos o corte de toda relação humana, com sua densidade de intercâmbio e afeto terminando numa perda de comunicação e humanidade. Agora pode-se entender mais adequadamente o que representa viver o voto de castidade ou de virgindade. Não significa somente não se casar; implica, positivamente, uma transfiguração das relações humanas vividas à luz da consagração a Deus. Esta não implica numa ruptura com o coração humano, com a sua capacidade de relação e de amor. Quando isso acontece, paga-se um preço muito alto em termos de desumanização.

O voto faz assumir o amor humano por causa do amor a Deus, assumido livremente num ato de consagração. O voto convoca a viver o nó das relações a partir da consagração a Deus. Evidentemente isso não se alcança por um mero voluntarismo: exige-se uma preparação psicológica específica, uma pedagogia adequada e um forte apoio da comunidade religiosa para que se superem as ambiguidades. Essa questão da afetividade e do enamoramento, fenômenos profundos e inerentes à subjetividade humana, está sempre presente nos relacionamentos abertos a que se expõem os religiosos e as religiosas. Manter a fidelidade ao voto de castidade e alimentar a transparência da consagração ao amor de Deus não se faz sem sacrifícios e sem verdadeiras oblações. Como se humanizar e crescer religiosamente dentro dessas provocações permanentes? Tais questões merecem ser discutidas nas comunidades e aprofundadas no espírito do Evangelho e à luz do carisma fundacional das comunidades.

A inserção na sociedade contemporânea por parte dos religiosos e das religiosas apresentou alguns impasses que foram rapidamente conscientizados: que tipo de sociedade é esta na qual a gente quer se inserir? A sociedade urbana e secularizada é uma sociedade extremamente elitista; seus órgãos e serviços dentro dos quais se encontram muitos religiosos e religiosas não servem à maioria do povo, senão somente a pequenas elites privilegiadas. Que sentido tem um religioso e uma religiosa encarnar-se em tal sociedade? Inconscientemente significou sacralizar a estrutura perversa e discricionária que contradiz o projeto histórico de Deus. A profissionalização se orientava a beneficiar essas elites antipopulares. A inserção na sociedade vigente não foi precedida de uma visão crítica sobre os mecanismos que comandam sua estruturação nem sobre seu caráter injusto. A inserção não significou um despertar da dimensão profética e crítica na vida religiosa orientada pelo seguimento de Jesus Cristo, profeta, amigo dos pobres e dos excluídos e crítico mordaz da riqueza e das aparências enganosas. Esses impasses provocaram uma mudança significativa na autocompreensão da vida religiosa e nas práticas consideradas progressistas e modernas.

3. Vida religiosa e submundo dos pobres: redefinição da missão e do voto de pobreza

A abertura à Igreja fez descobrir a sociedade; a inserção na sociedade fez descobrir o submundo dos pobres. Na sociedade latino-americana deu-se uma profunda ruptura: uns poucos ricos dispõem de toda sorte de recursos, educação, saúde e poder; grandes maiorias vivem marginalizadas e excluídas, sem acesso à saúde, à moradia, aos direitos sociais básicos, à cultura e à participação política. E tudo isso dentro de um continente que se professa predominantemente cristão! Como ser cristão e religioso e religiosa dentro de tal contexto? Esse é o grande desafio que se faz, há muitos anos, às Igrejas e à vida religiosa masculina e feminina.

O encontro com a pobreza massiva produziu grande indignação ética nos meios religiosos. Assim não se pode continuar, porque se vive numa realidade injusta que é, objetivamente, pecado e contradição ao Reino de Deus. Mas não é suficiente o protesto. Os religiosos e as religiosas, juntamente com tantos outros cristãos, animados pelo novo estado de consciência sobre a missão histórica do cristianismo em favor das mudanças que beneficiam os pobres e oprimidos, tentaram compreender os mecanismos geradores dessa perversa situação estrutural de miséria coletiva. Só assim se poderiam encaminhar práticas mais eficazes e libertadoras. A pobreza e o subdesenvolvimento não são inocentes, não são gestados por geração espontânea, nem significam primeiramente um atraso técnico. O submundo dos pobres é resultado dos mecanismos de acumulação capitalista em nível mundial e que encontra na América Latina ambiente social e político para realizar sua empresa de enriquecimento excludente. Vivemos aqui numa forma de convivência que deve ser definida como de um capitalismo dependente, associado ao grande capitalismo mundial, hoje globalizado e excludente das grandes maiorias.

Frente a essa contradição se desfazem as ideologias progressistas; a teologia do desenvolvimento e da modernização, que em outro tempo havia animado os grupos cristãos e os religiosos e religiosas inseridos na sociedade burguesa, revelou-se como um equívoco. O desenvolvimento capitalista favorece apenas às elites e se constrói à custa do povo e contra ele e com grande pilhagem da natureza. Nesse contexto de opressão social surgiu a temática da libertação. Trata-se de ajudar num processo que tenta criar uma sociedade alternativa e diferente, justa e com possibilidades mais amplas de participação popular.

A tomada de consciência dos conflitos que atravessam a sociedade latino-americana exigiu uma redefinição da missão da Igreja e da vida religiosa. Num mundo de pobres, qual é o lugar do religioso e da religiosa que, além do mais, fazem voto de viver pobres?

A missão religiosa tem que ser profética, de anúncio do reino que exige transformação em direção da justiça e denúncia das situações de opressão; tem que ser de solidariedade com as lutas dos pobres em busca de sua dignidade aviltada; tem que ser de libertação *de* uma sociedade objetivamente iníqua, de opressão *para* uma convivência social mais fraterna.

A percepção do submundo dos pobres colocou uma pergunta angustiante para os religiosos e para as religiosas: de que lado estamos nós? Descobrimo-nos dentro das classes privilegiadas; nossos trabalhos apostólicos geralmente servem aos interesses das classes dominantes; nossos colégios não inculcaram suficientemente o sentido da justiça social nem criaram uma mentalidade de transformação social; favorecemos a ingenuidade daqueles que pensam que é suficiente a conversão pessoal para fazer frente às exigências de mudanças estruturais.

Este tipo de interrogações ajudou a que significativo número de religiosos e religiosas e de congregações inteiras fizessem uma clara opção preferencial pelos pobres, contra a pobreza e por sua libertação. Não se trata de excluir os ricos, senão de assumir uma atitude evangélica que privilegia os pobres como os primeiros destinatários do reino de Deus. Os ricos são evangelizados também e se fazem participantes do reino na medida em que compreendem a justeza da causa dos pobres, optam pela justiça para todos e se fazem solidários com a construção de um mundo no qual todos possam caber, a natureza incluída. Tais realidades configuram-se como valores que pertencem ao reino de Deus que eles e elas se propõem a fomentar e a fazer crescer no mundo. Frente a essa situação de pobreza, a vida religiosa se vê confrontada por este dilema: ou viver evangelicamente uma nítida opção pelos pobres, contra a pobreza, ou ter que legitimar continuamente posições comprometidas com a injustiça social e por isso em conflito com o espírito evangélico e com as intuições básicas dos fundadores dos caminhos religiosos. O futuro da vida religiosa da América Latina se define frente a essas duas opções.

A opção pelos pobres implicou uma inserção nas classes marginalizadas e excluídas. Muitos continuam em suas atividades tradicionais, mas dando-lhes uma função nova. Trabalha-se e vive-se muito mais *para* os pobres, colocando os vários serviços à sua disposição. Outros começam a viver *com* os pobres, participando de sua vida nos bairros de operários, abrindo escolas para eles, ajudando-os na conscientização dos seus direitos e dignidade e abrindo-lhes a passagem para um autêntico processo de libertação. Outros vivem já *como* os pobres, participando da sua paixão, da sua miséria e das suas lutas.

Essa opção redefine também o sentido do *voto de pobreza*. Ser pobre implica mais que não ter, exige mais que uma dimensão espiritual de disponibilidade e total abertura a Deus. Ser pobre em contexto de opressão e de libertação implica ser solidário com os pobres; significa fazer-se pobre não para magnificar a pobreza, senão para protestar contra ela, porque é fruto da injustiça e das más relações sociais; o sentido do voto consiste em fazer-se pobre por amor e solidariedade, para, junto com os pobres, lutar contra a pobreza, libertar-se dela, não em direção da riqueza, senão em direção da justiça. O ideal evangélico não reside nem na pobreza nem na riqueza, mas na justiça da convivência humana. Esse sentido de pobreza está se tentando viver entre muitíssimos religiosos e religiosas latino-americanos. Inserem-se nos movimentos típicos dos pobres como o Movimento dos Sem-Terra, dos Sem-Teto, dos meninos e das meninas de rua, dos negros, da mulher marginalizada. Ganha forma organizada nas assim chamadas pastorais sociais, por direitos humanos, pelos índios, pelos negros, pelos portadores de deficiências e vítimas de outras discriminações sociais.

A encarnação em meios pobres propiciou um verdadeiro encontro espiritual com o Senhor. Exige-se uma purificação dos espíritos e das atitudes, libertação da amargura, do ressentimento e do ódio.

Esses sentimentos podem surgir na alma daqueles que se comprometem contra a injustiça e contra a violência institucionalizada. Os religiosos e as religiosas se obrigaram a aprender a conviver com os conflitos e a perdoar. Ao mesmo tempo em que se denuncia, prega-se a reconciliação e o perdão. Pregar o perdão e a paz aos pobres sem exigir que os ricos se convertam é profanar as palavras sagradas de Jesus. O anúncio da reconciliação feito pelos religiosos e religiosas só se faz audível e aceitável quando pronunciado a partir do sofrimento assumido com o povo e protestando contra ele.

A opção pelos pobres implicou uma mudança de lugar social. Trata-se de ver, compreender e atuar a partir da perspectiva e dos anelos dos pobres. Isso implica assumir sua cultura, sua maneira simples de ser, sua forma de rezar, de celebrar, de encontrar-se com Deus e de relacionar-se com os demais. Esse foi um caminho doloroso para os religiosos e religiosas. Representou uma verdadeira conversão no sentido do Evangelho. Significou também para muitos um reencontro com sua vocação mais originária e uma aproximação mais profunda ao Senhor.

A partir da década de 1990 do século XX, os religiosos e as religiosas foram despertados pela questão ecológica. Não apenas os pobres gritam e anseiam por libertação. A Terra como planeta vivo, Gaia, também grita, gritam as águas, os solos, as florestas e os animais. O sistema mundialmente integrado de produção de bens materiais e serviços explora as classes, oprime os povos e depreda o sistema natural, exaurindo tudo o que pode para comercializar e difundir o consumo sem limites.

Junto com os pobres, a Terra com seus ecossistemas e como um todo deve ser libertada. Isso significa que dentro da opção pelos pobres, contra a pobreza e em favor da vida e da libertação deve figurar o grande pobre que é a Terra depredada. Dessa preocupação nasceu uma ecologia de libertação integral que ofereceu à teologia e, especificamente, à vida religiosa tarefas novas. Fundamentalmente as Igrejas e os membros da vida religiosa devem assumir uma missão pedagógica de reeducar os seres humanos para a reverência para com a vida e para com a natureza. Só a reverência, o respeito e o cuidado podem impor limites ao poder avassalador do sistema consumista humano. Devem fomentar uma ética do cuidado de tudo o que existe e vive e reforçar a solidariedade mundial em função de um consumo responsável.

Essas questões, mais que frentes de trabalho novas, demandam um novo paradigma civilizatório. Os religiosos e as religiosas, a partir do capital simbólico do cristianismo, têm muito a contribuir para que a nova configuração do mundo globalizado se faça dentro de valores mínimos da hospitalidade para com todos, da convivência fraterna com todas as culturas e da comensalidade mediante a qual todos os seres humanos, membros de uma mesma família, se sentam à mesa comum e garantem a vida para todos, também para os demais membros da comunidade biótica que conosco compartem a aventura nesse Planeta, o único que temos para habitar.

Não se pode desconhecer que este passo decisivo da vida religiosa em direção aos pobres e ao grande pobre, a Terra, produziu também seus impasses. Em muitos se radicalizou a dimensão política da fé até o ponto de romper com seus institutos religiosos. Outros têm pouca paciência histórica e tentam queimar etapas no processo de libertação, polarizando a vida religiosa em grupos antagônicos. Outros não conseguiram integrar oração e libertação, espírito evangélico e lutas populares pelo direito e pela justiça, compromisso com a preservação ecológica e necessidade de uma nova espiritualidade de cunho cósmico e ecumênico. Todas essas tensões são compreensíveis desde que olhemos as situações de extrema injustiça a que estão submetidos tantos seres humanos com os quais muitos religiosos e religiosas se comprometem arriscando suas vidas. Há mártires entre os religiosos e religiosas, especialmente nos tempos escuros das ditaduras militares latino-americanas. Seu sangue é testemunho da verdade em suas atitudes evangélicas e nas opções da vida religiosa.

Essas três grandes etapas da evolução da vida religiosa latino-americana não são só sucessivas; elas coexistem simultaneamente e compõem o quadro vivo do carisma religioso vivido entre grandes tensões e conflitos mesmo para dentro do século XXI. Os desafios que vêm da realidade à consciência cristã são certamente os mais agudos de nosso tempo. É obra do Espírito o fato de que muitíssimos religiosos e religiosas conseguiram captar a relevância evangélica aí contida e decididamente assumiram o caminho mais difícil: seguir Jesus Cristo pela senda dos pobres e excluídos, dentro de uma sociedade iníqua e no interior de uma Igreja dilacerada entre a fidelidade ao Evangelho, seus laços históricos com as elites dominantes e as novas respostas a serem encontradas para a crise ecológica mundial, para a globalização excludente e para um novo padrão civilizatório da família humana, reunida no planeta Terra.

II
Dimensões permanentes da vida religiosa

Toda vida, para viver, precisa intercambiar com o meio, mudar e adaptar-se. Nessas mutações, por maiores que sejam, conserva sua identidade fundamental. As árvores perdem e ganham folhas, os animais trocam de pele e os seres humanos mudam todas as células no percurso de sete anos e contudo o corpo é o mesmo.

Coisa semelhante ocorre com a vida religiosa. Se não sofrer mutações, não continua fiel à sua identidade que é identificar Deus no meio das coisas, louvá-lo e servi-lo. Nela há, portanto, o permanente e o passageiro. Queremos agora considerar as dimensões permanentes da vida religiosa, o húmus alimentador de todas as transformações benfazejas. Situaremos nossa análise no contexto em que vivemos, na América negroindiolatinoamericana.

1. Experiência de Deus no seguimento de Jesus Cristo

A primeira dimensão permanente é a experiência de Deus no seguimento de Jesus Cristo que para nós comparece como libertador. Se bem repararmos, o dinamismo que se verifica na vida consagrada em nosso continente não vem primeiramente da reforma e adaptação de suas estruturas às exigências do mundo moderno e aos imperativos da inserção. Sua matriz principal reside numa profunda experiência de Deus[1].

No passado foi uma nova ou renovada experiência de Deus que fez suscitar ordens e congregações. A novidade da experiência de Deus como está sendo feita em muitíssimas comunidades religiosas reside no fato de que essa experiência é vivida dentro do compromisso pastoral e libertador. Não é uma experiência articulada nos quadros dos conventos e no silêncio de uma interiorização meditativa. Esta também existe, mas não caracteriza a nossa epocalidade. Ela ocorre no seio da ação e da convivência com os problemas e desafios vindos da pobreza e da marginalidade.

O compromisso com os pobres propiciou um encontro com o Senhor; em contato com a religiosidade popular, com seus ritos, procissões e devoções se descobriu um rosto de Deus sofredor, identificado com os pequenos deste mundo, força na resistência, móvel da esperança, energia de libertação sem vingança. Esse Deus se tornou acessível por Jesus Cristo, Filho de Deus encarnado em nossa miséria. Experimentar Deus significa, concretamente, seguir Jesus Cristo numa verdadeira mística que implica identificação com suas atitudes e compromissos especialmente para com os pobres e marginalizados, participação de sua vida e partilha com seu destino. Essa experiência de Deus subjaz ao êxodo de muitos em direção à convivência com o povo, à conversão ao pobre e à doação de suas vidas por causa da justiça e na defesa dos direitos dos fracos. Na medida em

---

1. BOFF, L. "La experiencia de Dios y la vida religiosa". In: *Testigos de Dios en el corazón del mundo*. Madri: Instituto Teológico de Vida Religiosa, 1978, p. 49-112.

que se segue Jesus, descobre-se o Pai que vai construindo o reino e se percebe a força do Espírito na resistência e na esperança inabalável dos oprimidos.

2. Consagração como reserva e como missão

Vida religiosa não existe sem consagração a Deus, outro de seus elementos permanentes. A inserção na realidade eclesial e social permitiu redescobrir toda a dimensão presente na consagração religiosa. O religioso e a religiosa são consagrados a Deus e por Deus[2]. São *consagrados para Deus*: entregam-se ao cultivo da experiência de Deus descoberto nos irmãos e nas irmãs e presente no dinamismo da esperança que busca libertação das opressões de toda ordem. Essa consagração implica um reservar-se irrestrito a Deus; não querem mais pertencer-se a si mesmos, mas a Deus e aos outros. Querem colocar-se a serviço do desígnio de Deus neste mundo. O abandono do mundo não é isolacionismo e fuga do mundo, mas um mergulhar de tal forma no mundo até lá onde encontra Deus; a Este único necessário se entregam e consagram. O religioso e a religiosa são ainda *consagrados por Deus*: Deus chama as pessoas e as consagra para uma missão no mundo. Deus as tira do mundo para atirá-las mais radicalmente para dentro do mundo com a missão de representá-lo, servi-lo nos outros e ajudar a construir o seu reino. É o carisma religioso que significa ser consagrado por Deus para a causa de Deus que se identifica com a causa do ser humano.

---

2. COMBLIN, J. "A vida religiosa como consagração". *Grande Sinal* 24, 1970, p. 21-30. • MOREIRA DA SILVA, V. "Compromiso religioso en la historia". *CLAR* 27, p. 42-61.

Historicamente a consagração em seu duplo aspecto de *para* e *por* nem sempre foi vivida integralmente; a tradição religiosa do Ocidente havia acentuado especialmente a dimensão de consagração-reserva *para Deus*. Coube à vida religiosa latino-americana sublinhar e viver particularmente a outra dimensão da consagração-missão *por* Deus e *em nome de* Deus, fundamentando, entretanto, essa missão na reserva *para* Deus e na consagração feita *por* Deus, enviando as pessoas a fim de realizar um serviço humanitário e, no termo, de salvação. Ao invés de justapor as duas perspectivas, encontrou-se um laço dialético e vital que as une, tornando mais completa a vida consagrada.

3. O caráter público dos votos

Outro elemento permanente são os votos religiosos. Como detalharemos no próximo capítulo, os votos concretizam e detalham a única e irrestrita consagração do religioso e da religiosa a Deus e aos irmãos, em razão dos eixos fundamentais da vida, quais sejam: o ter, o relacionar-se do homem e da mulher e a vinculação com a sociedade. Mais que renúncia a essas dimensões fundamentais da vida, os votos expressam uma maneira peculiar de assumi-las dentro do projeto de entrega a Deus e de missão no mundo. Eles possuem um inegável valor pessoal, marcando a pessoa do consagrado; mas apresentam também uma dimensão social que não pode ser desconhecida[3]. Essa perspectiva social e pública dos votos está sendo vivida profeticamente em nosso continente e adequadamente refletida pela teologia.

---

3. LIBÂNIO, J.B. "Vida religiosa e testemunho público". *Convergência 8*, 1971, p. 55-70.

Não cabe aqui esmiuçar o conteúdo adquirido dessa reflexão. Basta-nos referir a intuição principal: o *voto de pobreza* implica mais do que o uso moderado dos bens e a destinação comunitária de toda a propriedade. Em seu sentido evangélico ser pobre significa solidarizar-se com os pobres para juntamente com eles lutar contra a pobreza que desumaniza e que Deus não quer; é uma opção pelos pobres contra a pobreza que é fruto da injustiça. Aqui emerge o caráter social e público do voto de pobreza[4].

Emitir o *voto de castidade* exige mais do que a renúncia às relações matrimoniais das quais nascem novas vidas para este mundo e para o Reino de Deus; demanda um relacionamento com o homem e com a mulher respectivamente que vem carregado de amizade e de amor, mas sem a redução ao mero genitalismo e ao erotismo que vicia nossa cultura; pelo voto de castidade o religioso e a religiosa se libertam de compromissos particulares, não para o seu egoísmo e comodismo, mas para assumirem compromissos radicais em função da justiça, da paz, da maior fraternidade e da preservação do criado. A castidade aponta para a plenitude do amor humano, mesmo entre homem e mulher no matrimônio, porque explicita o sentido último de todo relacionamento que é sua abertura a Deus.

Pelo *voto de obediência*, o religioso e a religiosa não se subtraem à ordenação da sociedade. Eles procuram descobrir comunitariamente, sob a coordenação de quem preside, qual é a vontade concreta de Deus. A verdadeira autoridade é serviço e a liberdade, uma forma de entrar em co-

---

4. "Vida religiosa e compromisso sociopolítico". *SEDOC* 8, 1976, p. 869-871.

munhão comunitária; por aí se denuncia a prepotência tão frequente da autoridade moderna e o sentido irresponsável da liberdade vivida em estruturas capitalistas, desvinculada da comunidade.

4. A inserção na Igreja local e no submundo dos pobres

Um terceiro elemento permanente da vida religiosa é sua inserção na comunidade de fé. A inserção responde aos desafios e urgências vindos da realidade eclesial e social[5]. A vida consagrada, pelo enorme contingente de pessoas que engloba, representa uma das pilastras básicas da pastoral da Igreja. Sua inserção na pastoral de conjunto trouxe um enriquecimento e explicitação aos distintos carismas fundacionais, apesar dos desvios que se têm verificado. Essa inserção na Igreja particular não se fez apenas como resposta a um imperativo prático e funcional, mas dentro de critérios teológicos. Repensaram-se melhor a missão e a natureza da Igreja e, dentro dela, o lugar da vida consagrada[6].

A Igreja, fundamentalmente, é uma comunidade de batizados e de carismas (funções) a serviço da dimensão espiritual e religiosa dos seres humanos. O carisma religioso é um entre tantos na Igreja, cuja característica básica reside em ser um sinal profético e escatológico de realidades futuras já sendo antecipadas no presente. Em função disso, o religioso e a religiosa se inserem na Igreja local, mas nela assumem frentes de vanguarda, geralmente, não atingidas pela

---

5. CUSIANOVICH, R. *Desde los pobres de la tierra*. Lima: [s.e.], 1976.
6. "Pobreza e vida religiosa na América Latina". *CIAR/CRB* 4, 1970.

pastoral institucional (periferias), sob a direção do bispo que possui o carisma de unidade e de animação de toda a Igreja. Os religiosos, particularmente as religiosas, se mostraram especiais animadores das comunidades eclesiais de base, suscitadoras de novos ministérios e de grande criatividade litúrgica[7].

A opção preferencial pelos pobres e contra a pobreza fez com que muitas comunidades religiosas se implantassem nos meios pobres e marginais nas periferias das cidades ou no interior, na floresta amazônica e no sertão. Não apenas se solidarizaram com as angústias e esperanças, lutas e práticas populares, mas se identificaram com os pobres, vivendo suas formas de vida e participando de suas organizações. Foi neste campo que a vida religiosa mostrou melhor sua capacidade de libertação e de pedagogia libertadora. A partir dos religiosos e religiosas inseridos em meios populares, mais e mais se torna realidade uma Igreja que nasce da fé do povo pelo Espírito de Deus, Igreja que possui uma missão profética para todos os cristãos, no sentido de se comprometerem com os pobres, com a justiça e com a construção de uma sociedade mais simétrica, fraterna e ecológica.

5. Vida em fraternidade aberta

Um quinto elemento permanente da vida religiosa é a convivência fraterna. A inserção propiciou, por inflexão indireta, uma renovação do espírito comunitário na vida consagrada; a vida fraterna não se realiza plenamente apenas com o voltar-se para si mesma. Ela se enriquece e se torna

---

7. "Significado de las comunidades religiosas en las iglesias locales de América Latina". CLAR, 1975.

mais autêntica na medida em que se abre à comunidade humana que está à sua volta. A necessidade da missão fez com que se abandonassem, sem grandes crises, estruturas tradicionais e sem funcionalidade pastoral. A pequena comunidade religiosa se mostrou como a forma mais adequada à ação pastoral e ao crescimento de valores interpessoais. Mais e mais as pequenas comunidades religiosas assumem os valores populares, seu sentido de hospitalidade, de festa, de oração[8]. Essa abertura ao mundo circunstante torna a vida religiosa verdadeiramente um sinal de um mundo novo, mais fraterno e dedicado ao serviço um do outro.

Se observarmos os caminhos da vida religiosa no continente dos últimos tempos, notamos que a *missão* dentro da Igreja e dentro da sociedade, especialmente dentro do submundo dos pobres, constitui a ideia-matriz. A partir da missão se fizeram as redefinições da identidade religiosa, do sentido da consagração e dos votos, da presença do consagrado no mundo; a partir das urgências da missão se promoveram as reformas internas da fraternidade, a função diversa das obras institucionais e, em geral, um enriquecimento do carisma fundacional; a partir da missão se descobriu uma nova forma de rezar, unindo fé e vida, se redefiniu a missão da Igreja e, dentro dela, a missão da vida religiosa. E a missão primordial da Igreja e da vida consagrada é atualizar a mensagem libertadora de Jesus Cristo, especialmente para os mais marginalizados de nossa sociedade, fazendo com que o reino futuro de justiça, de amor, de paz e de preservação de todo o criado encontre já agora na história uma antecipação mais forte e densa.

---

8. "Pueblo de Dios y comunidad libertadora", CLAR, 1975, p. 12-25 e 108-112.

III
Desafios emergentes para a vida religiosa

Enfatizadas as dimensões permanentes da vida religiosa, como o fizemos no capítulo anterior, cabe identificar os desafios emergentes que irão configurar sua concreção no mundo. Assinalemos alguns nós problemáticos que devem ser considerados.

1. Conhecimento da realidade e missão religiosa

O importante documento dos bispos latino-americanos em Puebla em 1979, aquele que consagrou a opção pelos pobres e pela libertação, fez um convite para "um esforço permanente a fim de melhor conhecer a realidade e operar uma adaptação mais dinâmica, nova, atraente e convincente da mensagem aos homens de hoje" (n. 85). Isso vale também para a vida religiosa. Na medida em que não apenas se toma consciência dos mecanismos geradores de pobreza e subdesenvolvimento dos meios populares, mas se detetam as verdadeiras causalidades que residem, principalmente no modo de produção capitalista hoje globalizado, mais crítica e profética tende a ser a vida consagrada; o compromisso com os pobres na direção de uma sociedade diferente se tornará mais nítido. Isso obrigará a vida religiosa a redefinir ou aprofundar sua missão dentro da Igreja e da sociedade. Por causa do carisma religioso dos votos, particularmente daquele da pobreza, do seguimento de Jesus pobre e sofredor, da missão implicada na verdadeira consagração, a vida religiosa penderá cada vez mais para o lado dos pobres; pensar-se-á a partir das causas populares. A temática da libertação emerge espontaneamente desse contexto.

Esta nova opção e definição de um novo lugar social para a vida religiosa poderão provocar conflitos com aqueles que mantêm ainda a herança do passado, no qual a vida consagrada esteve muito próxima das classes dominantes e educava-lhes os filhos e as filhas. Os conflitos e tensões deverão ser compreendidos dentro de uma ótica histórica, de tolerância, paciência, permanente diálogo e respeito à vontade de ser fiel que se encontra em ambos os lados. Isso só se conseguirá se o relacionamento não se situar apenas no nível da análise da realidade, da discussão acerca dos melhores caminhos de inserção, mas principalmente no nível da oração comunitária, da vivência de uma intensa vida fraterna, de mútuo cuidado, carinho e apoio.

2. Carisma específico e inserção pastoral

A vida consagrada constitui no continente a maior força pastoral que a Igreja dispõe. Ela é chamada a todas as frentes. Essa situação permitiu enriquecer enormemente o carisma fundacional, muitas vezes limitado em suas expressões históricas, não revelando toda a riqueza que lhe é inerente. A América Latina pode contribuir na gestação de um perfil novo da vida consagrada, de ser *contemplativa in actione* (de ser contemplativa na ação), a serviço pastoral de quem é mais necessitado e, ao mesmo tempo, marcado fortemente pela consagração como entrega total a Deus e ao seu reino. Mas podem surgir, como de fato surgiram, reais problemas que comprometem a identidade da vida consagrada.

A vida consagrada é evangelizadora por si mesma pelo fato de seu estilo de vida e suas opções encarnarem profundos valores evangélicos. Por isso ela não pode ser usada como um tapa-buracos; ela não é totalmente consumível dentro de um planejamento pastoral; seu caráter profético e carismático a leva a tornar presente a mensagem cristã e a própria Igreja em lugares e situações onde, normalmente, não chegam os condutores de uma pastoral montada (entre os marginalizados, drogados, portadores de HIV, encarcerados, e no mundo das artes e das comunicações). Essa liberdade deve ser mantida para o bem da própria substância eclesial que não se canaliza totalmente em organismos pastorais. Por outro lado, dever-se-ão aprofundar ainda mais as reflexões acerca das relações entre bispos e vida religiosa. O documento do Vaticano *Mutuae Relationes* é teologicamente insuficiente, introduzindo relações dissimétricas em benefício da parte mais forte, aquela dos bispos. As práticas pastorais irão por si mesmas tornar anacrônico tal documento e, por sua vez, demandarão outro tipo de articulação mais equilibrado e justo.

A inserção na pastoral da Igreja local exigirá novas especializações para muitos membros da vida consagrada, teológica, catequética, de assistência social e ecológica. Poderão surgir problemas por causa dessa nova divisão religiosa do trabalho; problemas semelhantes emergem entre aqueles que estão à frente das obras tradicionais (hospitais, escolas, obras de assistência) com aqueles que se encontram comprometidos nos meios populares, com os sem-terra, com os sem-teto, com meninos e meninas de rua e outros do gênero. Há que reconhecer que, lentamente, se vão criando novas mentalidades, maneiras diversas de ver e de ajuizar a realidade social e eclesial, formas novas de oração e de estar junto a Deus. São problemas inevitáveis e consequência direta dos novos compromissos da vida consagrada; originam um legítimo pluralismo para o qual se exige uma pedagogia nova no relacionamento, capacidade de diálogo, de suportar tensões sem desestruturar a comunidade. Cumpre desenvolver um horizonte vasto da presença e missão da vida consagrada e da Igreja no mundo. Há distintas frentes porque as situações são diversas e demandam outro tipo de mensagem e de atuação, mas todas constituem a realidade rica e colorida da graça de Deus na sociedade.

3. Contribuição específica da vida religiosa no processo de libertação

A inserção de pequenas comunidades religiosas em meios populares lança questões graves à identidade da vida consagrada. Primeiramente há que valorizar o fato da inserção que possui, por si e em si mesmo, um valor teológico inigualável. É expressão de amor de quem, não sendo pobre, se faz pobre com os pobres para estar junto com eles, carregar junto a iniquidade que sofrem e com eles caminhar na direção de uma libertação humanizadora. Isso se sustenta independentemente de alguém ser religioso ou não, porque nesse gesto se realiza a substância mais pura do Evangelho.

Por outro lado, o religioso e a religiosa estão aí presentes enquanto religiosos. Esse fato implica que há motivações e práticas que nascem da identidade da vida consagrada. O reservatório abastecedor na presença nos meios populares é o carisma religioso, a doação generosa a Deus e aos outros e a perspectiva de fé que tudo informa. O religioso e a religiosa conservam sua identidade se em seu trabalho e em seu compromisso libertador, mesmo nas atividades mais profanas como é, por exemplo, sua presença numa reunião de bairro para tratar de água e esgoto, de escola ou de serviço de ônibus, se puderem imprimir à sua presença uma dimensão espiritual, de Reino de Deus que se concretiza nessas coisas, da outra dimensão que engloba a vida e a morte e transcende os próprios problemas terrenos que tanto atribulam os pobres.

Mas essa dimensão aparece somente a partir do momento em que o religioso e a religiosa como religiosos assumirem, de fato, toda a vida do povo, fizerem corpo com a dignidade de suas lutas, aprenderem a sentir, a relacionar-se sem eufemismos e a rezarem com ele. De dentro dessa encarnação, podem deixar brilhar a dimensão de Deus à qual o povo é muito sensível. É aqui que reside o aporte específico da vida consagrada ao processo popular da libertação. Quanto mais se multiplicarem essas experiências, menos problemática será a questão da articulação entre vida religiosa e processo social de libertação.

A vida consagrada se faz mais e mais popular; não entrará no mundo do povo a partir de fora, mas a gente do povo se torna religiosa, não abandona seu meio e aí dentro vivencia de forma radical seu seguimento a Cristo a serviço dos outros. Não se fará mais necessária uma opção preferencial pelos pobres porque os próprios pobres serão mais Igreja e muitos deles consagrados a Deus.

4. Redefinição das obras tradicionais

Quanto mais a opção preferencial pelo povo e pelos pobres deixar de ser retórica, eclesiástica, e passar a práticas eficazes, tanto mais se tornará problemática a manutenção das obras herdadas de outras épocas do passado quando a missão da Igreja se realizava em articulação com as elites dominantes. A Igreja e a vida religiosa sempre foram sensíveis aos problemas do povo e dos pequenos; pertence ao testamento fundamental de Cristo e dos apóstolos, nunca desobedecido, o cuidar dos pobres.

Entretanto, a forma como a Igreja entendeu ajudar o pobre foi aquela de associar-se aos que têm meios (classes dominantes) para, mediante eles, atingir eficazmente os pobres. O caminho ao pobre não era direto; passava pela mediação do rico. O que surgiu foi uma vasta rede de obras de assistência, mantidas com meios ricos e dos ricos.

Essa estratégia atualmente é avaliada como assistencialismo e paternalismo que não ajuda adequadamente o pobre, porque o atinge somente de fora e o mantém sempre dependente. Não aproveita de seu próprio dinamismo transformador: não o faz sujeito e agente de sua própria mudança. A estratégia atual da Igreja na América Latina consiste em ir diretamente aos pobres, encarnar-se em seu meio e participar de sua mobilização. É nisso que consiste, concretamente, a opção preferencial pelos pobres, marca registrada da Igreja da libertação e de sua correspondente teologia. Essa nova presença pastoral não deixa de questionar as obras do passado e as pessoas comprometidas dentro delas. Cumpre buscar uma articulação entre uma coisa e outra. Seria irresponsável, de um momento para o outro, passar de uma opção à outra, abandonando as obras herdadas.

Deve-se entender a mudança de estratégia pastoral como um processo que possui passos táticos; a ruptura brusca só prejudica a caminhada global da Igreja e pode gerar vanguardismos e esquerdismos que manifestam práticas infantis que não atendem às exigências concretas da realidade. Por isso, importa que as obras procurem uma nova funcionalidade que se ajuste mais e mais às opções básicas assumidas pela Igreja e pela vida consagrada. Elas devem ser conduzidas com uma nova mentalidade que já assumiu a opção pelos pobres; devem orientar, caso se trate de educandários, a educação no sentido de criar, mesmo entre os alunos oriundos de classes beneficiadas, o sentido da justiça social, do compromisso por uma mudança social que favoreça os mais pobres e que entenda a vida como construção de relações mais justas e ecologicamenete responsáveis e não apenas como preservação de privilégios.

Essa tarefa não é fácil, dado o controle que a sociedade dominante exerce sobre os meios de reprodução de sua ideologia elitista, mas não é impossível. Aqueles religiosos e religiosas que já deram o passo em direção ao povo, ao invés de, farisaicamente, julgar os outros ainda a caminho ou servindo dentro de instituições do passado, podem, ao invés, ajudá-los a conferir uma nova função libertadora às obras e apoiá-los nas contradições que têm de continuamente enfrentar.

5. Aprofundamento da espiritualidade de libertação

Um dos melhores frutos que a inserção da vida consagrada nos meios pobres produziu, foi a maior santidade dos religiosos. A vida religiosa se fez mais simples, mais fraterna, mais concreta; a oração, mais direta, sem grandes eufemismos; os votos, mais sinceros e verdadeiros. Junto ao povo e em contato direto com ele, ninguém pode se esconder sob instituições, fórmulas ou discursos religiosos; tem que estar a descoberto. Isso ajudou a verdade da consagração e a transparência do testemunho.

O Evangelho lido a partir da ótica dos pobres ganha um novo vigor; só aí é realmente compreendido como boa-nova de esperança e libertação para todos. A cruz de Cristo não é um discurso de dolorismo piedoso; é realidade do dia a dia. A ressurreição ganha novas dimensões, pois se percebe que, onde há conscientização da dignidade humana, organização, sentido de comunidade e de prática conjunta, aí triunfa a vida, começa a vencer o direito e a se fazer justiça. São as sementes de ressurreição que apontam.

A vida religiosa em processo de encarnação libertadora vive mais autenticamente a estrutura pascal de toda experiência cristã. Está apontando uma nova espiritualidade que nasce das práticas religiosas novas em contato com o povo, com sua religiosidade e maneira de fazer a síntese entre vida e fé e que, melhor elaborada e articulada, é devolvida para ser alimento que enriquece as práticas. Nesse contexto faz-se mister reler toda a grande tradição da vida religiosa em função das novas urgências, colhendo as críticas, aprofundando dimensões pouco exploradas e aproveitando de tudo aquilo que se mostrou válido e evangélico.

Muito resta ainda por caminhar. Mas a direção encontrada, caminhando com a Igreja pelos caminhos do povo, se mostra hoje a resposta mais adequada às exigências do Evangelho e do autêntico carisma religioso. A Igreja e a vida religiosa contribuem para fazer melhor a vida humana, sentido último da revelação divina na história.

IV
A estrutura antropológica dos votos: um voto em três

Um dos problemas certamente mais discutidos na vida religiosa é o dos votos de obediência, pobreza e castidade. Isso significa que existe, por parte dos religiosos, um certo distanciamento e também uma falta de vivência profunda dos votos.

1. O problema dos votos não está nos votos

Para quem vive em profundidade a vida religiosa, os votos deixaram de ser problema, embora possam implicar sacrifício. O problema dos votos não reside nos votos, mas em outra coisa: no sentido mesmo da vida religiosa. Para não poucos, a vida religiosa se esvaziou de conteúdo religioso e humano. É vista como um fardo pesado de regras, constituições, caminhos de interiorização e tradições. Falta um elo unificador e um motivo iluminador que dê sentido às regras e às várias formas concretas da vivência religiosa. A crise reside na ausência de um Centro na vida que confira sentido às mínimas ações. Sem a emergência desse Centro na existência do religioso e da religiosa e sua experiência concreta, a vida religiosa se torna um martírio inglório e uma sucessão ritualística de comportamentos e de palavras.

Os santos não se questionavam sobre os votos. Eles viviam o Evangelho. Não entravam na vida religiosa com o fito de observar os votos, mas de viver Deus em todas as suas manifestações.

Como surgiu então a instituição dos votos? A vida religiosa, como atualmente se encontra constituída na Igreja Católica, se move juridicamente em torno do eixo dos três votos. Segundo o Direito Canônico (§ 588), a emissão dos três votos confere estabilidade e especificidade aos religiosos face aos leigos. Na prática, a Igreja só reconhece como religiosos aquelas instituições ou movimentos que professam os votos ou fazem as promessas de viver os conselhos evangélicos dentro de um mínimo de vida comunitária.

Diante de novas experiências na vida religiosa, onde formas novas são ensaiadas em vista das novas situações, os votos são vistos como um empecilho e como um limite, arbitrariamente colocado como intransponível. Entreveem-se formas de vida religiosa que não mais se apoiem sobre a estrutura dos votos, especialmente sobre o voto de castidade. Diz-se que os votos constituem a forma histórica como a vida religiosa se concretizou dentro da Igreja latina. Mas não haveria uma inclusão intrínseca entre vida religiosa e profissão dos três votos. Com isso não se quer desmerecer o valor dos votos. Apenas dar-se conta de sua relatividade histórica e de sua não essencialidade para o ser-religioso.

2. Um único voto radical: a consagração a Deus

Nossas reflexões visam mostrar que semelhante interpretação dos votos não se funda numa reta compreensão de seu conteúdo nem traduz a dinâmica interna da vida religiosa. Por isso o esforço empenhado por muitos para libertar os votos de sua exigência jurídica, na realidade, liberta muito pouco. Com isso não se ganha quase nada, se não se esclarecer mais meridianamente a verdadeira intenção dos votos.

Se olharmos a história da vida religiosa, fazemos a curiosa constatação de que os votos, enquanto votos, surgiram muito tardiamente. De início, no século IV, seja entre os primeiros anacoretas do Egito, seja entre os cenobitas do Oriente e do Ocidente, fazia-se o propósito (*protesis*, *propositum*, *professio*, *pactum*, *conventio*) de viver um gênero de vida especificamente religioso. Os santos fundadores praticavam a *conversio morum* (conversão dos costumes) e se convertiam ao Evangelho ou a facetas importantes dele, como a vida de pobreza, a evangelização, o serviço aos doentes, etc. Faziam o *votum monasticum* (o voto monástico) ou o *propositum sanctitatis* (o propósito de santidade) que implicava tudo: vida ascética, pobreza, castidade, jejuns, penitências, submissão e a prática de todas as virtude cristãs. Não se faziam votos explícitos, "com medo", diz Pomenius (*De vita contemplativa* III, 24: PL 59, 470), "de não fazermos com devoção, mas como obrigação, aquilo que devemos fazer livremente e com toda a boa-vontade". O *votum monasticum* era um voto único com muitas valências; a profissão a um gênero de vida que radicalizava a vivência cristã comum a todos os cristãos. Esse sim era um voto explícito e público.

Essa realidade era outrora, bem como hoje, expressa pelo termo *consagração*. O religioso e a religiosa são, na linguagem de Santo Agostinho, *homo Dei nomine consecratus et Deo votus* (*De civ. Dei*, X, 6: PL 41, 283), traduzindo: o ser humano consagrado pelo nome de Deus e dedicado a Deus. Essa consagração significa uma doação total a Deus. Por ser total, implica numa renúncia ao mundo (chamada *apotaxia* pelos cenobitas do Egito, expressão que significa propriamente reserva do mundo). O religioso e a religiosa se reservam para Deus. Contudo essa reserva e renúncia ao mundo não equivalem a uma fuga do mundo. Seria errôneo interpretar a vida no deserto dos primeiros anacoretas e cenobitas como fuga e desprezo das realidades terrestres. O cristão ama a criação porque a vê religada umbilicalmente a Deus. Mas é também realista. Sabe e sente que o estado atual da criação é decadente e estigmatizada pelo pecado. A relação com o mundo é e será sempre dialética; será de *sim* e de *não*. Por isso, haverá sempre uma ascese e uma renúncia ao mundo. Valerá sempre o imperativo paulino: "Não entreis nos esquemas deste mundo" (Rm 12,2)! Só dessa forma a criação readquire sua verdadeira estatura de criação como realidade permanentemente dependente de Deus. Enquanto existir rebelião, faz-se necessária a renúncia como consagração total de Deus, condição para o resgate da situação originária.

Santo Antão, primeiro religioso cristão, abandona tudo, distribuindo sua riqueza entre os pobres. Mas não abandona o trabalho. Trabalhar é relacionar-se positivamente com o mundo. Faz cestos e os vende aos peregrinos que acorrem ao deserto. Seu trabalho é de tal ordem produtivo que, uma vez ao ano, toma seu barco, desce o Nilo, vende os cestos e dá os lucros cessantes aos pobres.

> Se não quisermos ser mentirosos, tomemos cuidado de nunca pintar nossos monges prostrados em genuflexórios, com os braços em cruz e os olhos revirados, sob o pretexto de que eram – e de fato eram – contemplativos... Deveríamos, antes, apresentá-los sentados em suas celas, junto a um monte de juncos ou palmas, ocupados em tecer cordas rústicas e em atá-las em círculos concêntricos, a fim de confeccionar cestos, ou então em tecê-las para fabricar esteiras[9].

---

9. CONFERÊNCIA DOS RELIGIOSOS DO BRASIL. A *pobreza e a religiosa hoje*. São Paulo, Paulinas, 1968, p. 35.

Consagração envolve sim a ideia de reserva total para Deus. No entanto, Deus não é um ser carente de pessoas e coisas. Ele é infinito e autossuficiente. Não precisa de nada para si. Se alguém se reserva, consagrando-se para Deus, ele é reenviado ao mundo em nome de Deus. Não é Deus, mas o mundo que necessita de salvação e de instrumentos que a atuem e a visibilizem. Consagração-reserva encerra simultaneamente missão no mundo em nome de Deus. Ser religioso significa ser tirado do mundo, para ser enviado ao mundo mais profundamente, com uma missão específica: de presencializar um mundo reconciliado e não mais penetrado pela alienação, pela rebeldia e pelo pecado.

É por isso que os religiosos e as religiosas, historicamente, foram pessoas-instrumentos de profundo engajamento e reforma do mundo. São João da Cruz não meditou apenas em sua cela, coisa que fez de forma contínua. Viajava pregando exercícios espirituais, construiu uma rede de mosteiros e organizou a construção de aquedutos no sul da Espanha para aliviar as penas de pequenas cidades sem água. Imbuídos pela consciência do envio divino, os religiosos e as religiosas tentaram criar um mundo mais humano e mais aberto para Deus.

A consagração total a Deus encerra uma atitude nova face à totalidade das dimensões do mundo, agora contempladas a partir da ótica da consagração a Deus. Daí é que o voto de consagração não desliga o religioso e a religiosa do mundo. Ninguém pode sair ou fugir do mundo, porque estamos sempre dentro dele. O voto liga-os de uma maneira diferente; a consagração qualifica de uma forma nova as relações para com as coisas, para com os outros, para com a sociedade e para com a religião. Isso constitui a realidade fundamental da conversão cristã que todos os religiosos e religiosas autênticos, fundadores de caminhos de espiritualidade ou não, viveram radicalmente. Não se propunham viver os votos, mas viver toda a vida como consagração a Deus. O membro religioso é religioso não na medida em que é fiel a um caminho traçado pelo carismático-fundador, mas na medida em que refaz a experiência do carismático-fundador e assim descobre o seu caminho. As regras e constituições são auxílios para a experiência religiosa e não seus substitutivos.

A tarefa da educação religiosa dentro do caminho dos fundadores não reside, em primeiro plano, em transmitir aos jovens os costumes e as particularidades próprias da ordem ou congregação, mas em criar uma atmosfera em que cada qual possa viver uma autêntica experiência religiosa como doação total a Deus, que, por ser total, abraça tudo o que é de Deus como as pessoas, as coisas e a vasta e complexa realidade do mundo-de-Deus.

Como transparece, a vida religiosa assenta, fundamentalmente, sobre um único e englobante voto: a consagração total a Deus.

3. Os três votos detalham o único voto de consagração

Como se chegou então à atual formulação da vida religiosa cujo eixo articulador são os três votos?

Pode-se dar a essa pergunta uma resposta histórica. Na verdade, os três votos de pobreza, obediência e castidade são fruto de um trabalho de reflexão operado entre os séculos IX-XIII nas obras ascéticas, polêmicas e homiléticas sobre as regras dos primitivos santos fundadores: Pacômio, Basílio, Bento, Agostinho e outros[10]. Aprofundando as re-

---

10. Cf. SÉJOURNÉ, P. "Voeux de religion". *DThC, 15*, 1950, p. 3.271s.

gras e as vidas dos grandes religiosos do passado, se destacavam, como que naturalmente, do conjunto geral das observações e caminhos de interiorização mística, as três pilastras básicas da pobreza, obediência e castidade. Essa redução tinha uma função orientadora para o uso interno dos próprios religiosos.

Com o surgimento, nos séculos XI e XII, de novos movimentos religiosos, saídos das bases populares e carismáticas, particularmente de caráter laical, como é o caso de São Francisco de Assis, levantou-se, aguda, a questão pelo seu estatuto religioso. São ou não religiosos? O que implica o *votum monasticum?* Foi entre os eremitas de Santo Agostinho, discutindo e comentando a regra do santo fundador, que se chegou no século XII a se detalhar o único voto de consagração nos três de obediência, pobreza e castidade. Em 1202 o Papa Inocêncio III, numa carta a um monge do Subiaco, fez, pela primeira vez num documento oficial, menção dos três votos[11]. Com isso não se visava, inicialmente, uma redução do único voto de consagração a Deus a essas três manifestações concretas. Ele é um todo que abarca toda a vida e todas as virtudes, especialmente a vida de oração e meditação, a caridade fraterna e a diuturna ascese como um despojar-se progressivo de toda a vontade de poder e de posse até a completa identificação com o Abandonado e Desnudado na cruz. A partir dessa determinação do século XII, a estrutura dos três votos se fixou em sua forma canônica, especialmente com as ordens mendicantes de São Domingos, São Francisco e dos sete santos fundadores dos servitas, até os dias de hoje.

---

11. Cf. SÉJOURNÉ, P. Op. cit., p. 3.271.

Essa resposta histórica poderia parecer suficiente. Contudo ela é apenas exterior. Precisamos desentranhar o *logos* (sentido) latente dentro desses fatos. A história é feita não apenas de *facta bruta* que, na verdade, não existem. Mas principalmente é composta de um sentido abscôndito que se vela e re-vela nos fatos e através deles. Esse *logos* (sentido, *entelecheia*, direção) é que confere caráter significativo aos fatos e como tais orientam a caminhada humana.

Os três votos de obediência, pobreza e castidade detalham a doação total da pessoa a Deus e exprimem, ao nível antropológico, essa totalidade e radicalidade. Essa é nossa tese de base. E é o que queremos, agora, fundamentar.

a) A tríplice estrutura do ser humano

A vida humana se concretiza numa tecedura de relações muito complexa. Seu destino e sua identidade residem em poder estar no mundo junto com outros. É através do diferente dele mesmo que o ser humano chega a si mesmo, na mediação do mundo. Na medida em que for capaz de assimilar e acolher o diferente dentro e fora dele mesmo, nessa mesma medida comunga e cria comunidade. Viver humanamente é sempre con-viver. É face a uma estrutural relacionalidade que o ser humano descobre seu estar-em-si-consigo-mesmo-no-mundo, isto é, seu eu. O eu só existe numa relação com um tu. No horizonte dessa pan-relacionalidade e abertura se realiza a existência humana também religiosa.

Numa primeira articulação, a vida humana se vê às voltas com o mundo das coisas. Sente-se responsável por elas, pois deve cuidá-las. Delas tira seu alimento não só material, mas também espiritual, pois as coisas são mais que coisas, são símbolos e metáforas, portadoras de mensagens e evocações. Entre o mundo e o ser humano vigora uma profunda inter-ação. Na sua corporalidade, ele mesmo é uma parte do mundo. É feito com os mesmos elementos físico-químicos com os quais tudo é feito, desde as galáxias mais distantes até o passarinho que canta à minha janela. As coisas lhe permitem exercer sua liberdade e criatividade. Dá-se conta também do peso e da opacidade das coisas: elas podem escravizar o ser humano e engaiolá-lo numa tecedura opressora. Pelo uso das coisas, faz-se, de certa forma, senhor delas; não um senhor despótico, mas um administrador responsável. Pela mesma apropriação pode igualmente fazer-se escravo delas.

Numa segunda determinação, o ser humano se encontra dentro da esfera da alteridade masculino-feminino. O homem está sob o olhar da mulher e a mulher, sob o olhar do homem. Essa é uma estrutura fundamental de cada pessoa. Um sente uma profunda reciprocidade pelo outro. No diálogo e na doação da riqueza mútua se opera a maturação da personalidade humana. Urge, porém, observar: masculino não é simplesmente sinônimo de homem, nem feminino de mulher. Masculino e feminino são dois princípios, duas dimensões profundas, não totalmente objetiváveis, de cada ser humano. O homem portador de feminilidade, embora não seja mulher. Esta, por sua vez, possui também uma dimensão masculina, e contudo não é homem. Este concretiza mais profundamente a dimensão masculina, sem recalcar de todo a feminina, e por isso é homem. A mulher articula mais a dimensão feminina e por isso surge como mulher, embora contenha em si a masculinidade.

Não é aqui o lugar de determinarmos o que seja propriamente masculinidade e feminilidade, coisa que fizemos mais detalhadamene no livro *Masculino/Feminino*, uma nova consciência para o encontro das diferenças[12]. Sem maiores mediações, pode-se dizer que *masculino* é a dimensão de objetividade, claridade, poder, força e ordem que se manifesta dentro da vida humana do homem e da mulher. *Feminino* é a dimensão do misterioso, espiritual, profundo, intuitivo, terno e criativo que se revela na existência humana. Dialogar e integrar cada vez mais harmonicamente essas duas faces de nossa realidade constitui a tarefa da personalização. Na medida em que cada um souber, a partir de dentro, acolher essas diferenças, nessa mesma medida pode se enriquecer e se deixar provocar pelas concretizações do masculino e feminino que encontra fora de sua realidade, no homem e na mulher.

Sexualidade em sentido estrutural-ontológico é outra palavra para exprimir a mesma realidade do masculino-feminino. Sua manifestação no nível biológico é uma das articulações concretas como ela se historiza. Integrar o sexo biológico (gonodal e genital) no horizonte mais amplo da reciprocidade masculino-feminino é o sentido profundo da castidade tanto para casados como para solteiros e celibatários.

Numa terceira dimensão, o ser humano se sente projetado dentro do *nós* que funda a família e a sociedade. Não se trata somente do homem e da mulher, mas da grande comunidade humana. Esta não é fruto da soma das pessoas, mas do conjunto das relações entre elas e de suas instituições. Na verdade, o comunitário emerge de dentro da própria pessoa. Esta é sempre já comunidade porque se apresenta como um nó complexo de relações. Comunidade é a coexistência da identidade na diferença e da unidade na pluralidade. Convivendo na comunidade e estando vis-à-vis

---

12. BOFF, L. & MURARO, R.M. Rio de Janeiro, Sextante, 2002.

diante de outros, o ser humano chega a si mesmo, descobre quem é e qual é o seu lugar no conjunto dos seres. Cada um é para o outro caminho de hominização.

A comunidade e a sociedade são as portadoras naturais da tradição viva dos valores e da cultura. É através delas e nelas que se cria a consciência do *nós* como unidade de destino e solidariedade frente ao passado, presente e futuro. Inserir-se na comunidade e na sociedade significa participar da hierarquização dos papéis sociais e nessa mesma medida carregar a corresponsabilidade pelo todo.

b) Os três votos: uma qualificação da tríplice estrutura do ser humano

Se atentarmos bem, notamos, de imediato, que os três votos incidem exatamente sobre essas três dimensões estruturais que articulam a vida humana. Eles não as rejeitam ou recalcam. Qualificam-nas de maneira nova, a partir da consagração a Deus. Esta confere um colorido novo a todo o relacionamento humano. É uma profunda conversão que atinge as raízes estruturais do viver humano com as coisas, com o outro e com os outros.

Assim o voto de pobreza tange a relação do ser humano com o mundo das coisas. O voto de castidade refere-se à dimensão masculino-feminino. O voto de obediência afeta a relação ser humano-comunidade. Os votos detalham o único voto de consagração, distendendo-o e concretando-o nas três articulações fundamentais da vida. Não foram inventados. Emergem da própria vida, quando vivida em profundidade. Por isso é que os autênticos religiosos não se preocupam com os votos. Vivem simplesmente sua vida religiosa. Esta irá, naturalmente, manifestar seu caráter religioso nos três momentos cruciais da vida humana voltada para as coisas, para o masculino-feminino e para a comunidade. Então surge um relacionamento novo face a esses três momentos estruturais, traduzidos em termos de pobreza, de obediência e de castidade.

4. O conteúdo essencial dos votos: o senhorio de Deus

Se alguém se consagra a Deus é porque intenciona fazer Deus o polo orientador de todas as dimensões da vida. Por isso o núcleo essencial dos votos que deve se realizar em qualquer concretização histórica – e esta varia conforme os tempos e segundo as várias ordens e congregações – reside em restituir o senhorio pleno de Deus sobre todas as coisas e deixar que ele aconteça em sua original gratuidade. É o que sucede com os três votos. Mas importa ressaltar: dar centralidade a Deus em todas as dimensões da vida não significa amar exclusivamente a Deus. Deus mesmo não quer isso. Ele quer que amemos os outros, as estrelas, a natureza e a nós mesmos. Quando falamos em senhorio de Deus, queremos assinalar o propósito de fazer de Deus realmente o norte de nossa vida, o sentido radical de nossa peregrinação e a luz pela qual vemos a luz. A consagração expressa pelos votos é uma das formas de realizar esse senhorio de Deus.

a) Pobreza: ter é receber

Pobreza não consiste na busca da miséria nem no desprezo dos bens. Ela tem a ver com os bens materiais, mas não pode ser determinada a partir só dos bens materiais. O que é pobreza e riqueza varia de época para época. Muda conforme os sistemas econômicos, a motivação e a função que a pessoa desempenha. Um índio ianomâmi não é considerado pobre por não possuir nenhuma calça; nem um religioso, professor de universidade, é considerado rico por possuir um computador e uma boa biblioteca, instrumentos indispensáveis para seu trabalho. Se elencarmos os bens materiais que fazem alguém rico ou pobre, então nos envolveremos numa casuística interminável e sujeita a ser corrigida a cada momento, conforme a aceleração do desenvolvimento do poder aquisitivo de uma região. Ainda assim não é nada assegurado de que um religioso e uma religiosa desprovidos de bens materiais sejam pobres. Podem ser ascetas, mas ainda não pobres, porque podem ser ricos em vontade de poder, em desejos e em desfaçatez de pedir e pedir sem outras considerações.

Originariamente a pobreza não consistia numa virtude conquistada ou num hábito adquirido de nada ou pouco possuir. Ela possuía uma raiz mais profunda que fazia com que tanto o rico quanto o desprovido de bens materiais pudessem se sentir e se entender pobres.

Essa raiz mais profunda é a pobreza como a própria condição de criatura de todo ser humano. Ser criatura consiste em continuamente receber a essência e a existência de Deus. Daí que tudo o que somos e temos, temos e somos porque o recebemos de Deus. Ser pobre é compreender que tudo o que se tem pro-vém e o que vem, ad-vém de Deus. Ser pobre é vivenciar concretamente essa umbilical dependência de Deus.

Pecado é esquecer-se da condição de criatura e imaginar que é totalmente independente, como se tivesse dado a si mesmo a existência, a inteligência, a criatividade e outros dados objetivos de nossa realidade, omitindo a referência ao Criador.

Deus em cada momento diz sobre cada um de nós: "Faça-se, exista, venha à existência!" E existimos, ricos pela generosidade divina, mas pobres pela nossa dependência. Esse fato faz nascer entre nós humanos o sentimento de gratidão para com Deus e de solidariedade e mútua ajuda para com os outros. Como pobres essenciais dependemos uns dos outros.

Se tudo é recebido e é dom de Deus, então tudo deve ser repassado como dom aos outros. Pobre não é tanto aquele que pede, porque não tem, mas aquele que dá e dá e mais uma vez dá sem limites.

Pobreza compreendida assim exige uma atitude de completa disponibilidade e de comunhão com as demais criaturas que também dependem de Deus como nós. Somos todos irmãos e irmãs na dependência benevolente do Pai.

Quanto mais alguém transformar essa verdade essencial, carne de sua carne, tanto mais vive a pobreza essencial, própria de toda a criatura. Em cada situação e em todo o momento. A pregação da pobreza não deve incidir sobre o que podemos ter ou não ter, mas sobre a interdependência de todos com todos e sobre a disponibilidade de dar, de despojar-se de todo instinto de posse e de autoafirmação de si mesmo. Só assim se cria a possibilidade de alguém ser realmente pobre e não apenas um asceta que usa com parcimônia os bens de que dispõe.

Ao religioso e à religiosa se pede que façam dessa realidade objetiva, ligada ao fato da criação, projeto de vida e conteúdo de sua consagração. Que vivam a gratuidade de tudo receber e o despojamento de tudo disponibilizar aos outros. A pobreza é uma atitude tão difícil que, se alguém diz: "Sou pobre", já não o é mais.

b) Castidade: não é ausência, mas superabundância

O sentido profundo da pobreza já contém seminalmente em si os votos de obediência e de castidade. O celibato ou a virgindade não é egoísmo nem desprezo da sexualidade. Não é um voto de desamor, mas da radicalidade do amor. Ele emerge de dentro da experiência do amor humano. Este, em sua última profundidade, está aberto e exige um amor maior. O impulso amoroso é tão grande que não encontra na ordem das relações nenhum objeto que lhe seja adequado e o faça descansar. Mesmo quando pretende ter encontrado na relação homem-mulher, num amor verdadeiramente sinfônico, mesmo aí o amor não está perenizado. Ele deve ser tratado com sumo cuidado, pode enuviar-se, desgastar-se e até morrer. Mas a ânsia amorosa permanece. Quer dizer, o amor humano é habitado, como diziam os antigos, por um *daimon*, por uma força poderosa e benfazeja, mas frágil e perdível. Ele esconde o desejo de um outro Amor, onde o *cor inquietum* possa, finalmente, descansar.

O religioso e a religiosa são habitados também por esse *daimon*. Mas têm a coragem de identificá-lo com o Deus interior. Sentem-se habitados por essa chama sagrada que confere entusiasmo e dinamismo à vida. Não podem nem querem negar essa realidade. Ao contrário, querem consagrar-se ao cultivo desse Amor maior e interior. Esse é o sentido secreto do voto de castidade. Não se dirige contra o outro, homem ou mulher, nem nega a presença da sexualidade. Vive da experiência do Amor maior que é Deus dentro do coração que arde e deseja. Consagra-se em cultivar o espaço para que esse Amor ganhe centralidade em sua vida. A castidade não nasce, portanto, de uma ausência, mas de uma superabundância. O voto de castidade, como articulação da consagração total a Deus, não isola o homem da mulher e a mulher do homem, mas submete o mútuo relacionamento, com toda a beleza e também ambiguidade que possa incluir, aos imperativos do Amor maior, vivido no dia a dia da existência.

Castidade não é desprezo do matrimônio, como o martírio também não significa descaso da vida. O matrimônio é o lugar da grande realização amorosa do ser humano, o caminho para novas vidas, para o futuro e para as promessas de nova história amanhã. Castidade é a consagração e a celebração do Amor maior presente em nosso coração, que deve ser também fecunda como o matrimônio sob a forma de irradiação de uma vida de cuidado, gentileza, leveza e generosidade para com todos os que são nossos próximos.

c) Obediência: só quem tem autoridade obedece

A obediência é uma forma de viver a pobreza no nível das pessoas e da organização do poder numa comunidade. Para entendermos a obediência religiosa, precisamos compreender o paradoxo elaborado já por São Paulo (cf. 1Cor 9,1; Rm 13,8) e retomado, posteriormente, por Lutero: o cristão é um livre senhor sobre todas as coisas e a ninguém sujeito. O cristão é um servo de todas as coisas e a todos sujeito.

O cristão é um livre senhor e assim foi estabelecido por Deus. Essa liberdade é sua dignidade, recebida por Deus. Ninguém pode escravizar o outro. O amor que Deus suplica do ser humano supõe a liberdade. Não pode existir coação sobre ele, porque sem liberdade não pode viver a obediência.

O cristão é um servo de todas as coisas e a todos sujeito. Em sua liberdade pode acolher a vontade do outro. Obedece não porque a lei manda ou o outro quer, mas porque ele assim o escolheu, como reza o salmo: "Porque os escolhi, observo, Senhor, seus mandamentos".

Obediência não tem nada a ver com passividade, conformidade e identificação cega à vontade do outro. Mas é o movimento da liberdade que decide acolher a vontade da outra pessoa. E se decide não por causa de conveniências pessoais, mas porque se esvaziou de si mesmo de tal maneira, que livremente acolhe o desígnio do outro ou da comunidade, compreendido como mensagem vinda de Deus. Quanto mais alguém vive dessa dimensão, tanto mais autoridade moral possui, porque se alimenta não de sua vontade e do seu poder, mas do mistério de Deus. Alguém possui autoridade na medida em que levar o outro não a submeter-se ao seu alvitre, mas a auscultar (*ob-audire-obedientia:* auscultar) a vontade de Deus. Impor ao outro seus próprios ditames ou as determinações religiosas é exercer poder, mas não necessariamente autoridade. São Francisco não teve, em vida, nenhum poder sobre a Igreja de Deus. E contudo continua a ter nela uma inaudita autoridade, conquistada pela vivência do mistério divino, descoberto em todas as coisas, que o levava a ser o menor e sujeito a toda criatura. Só quem possui verdadeira autoridade pode realmente obedecer, seja ela vivida dentro de uma compreensão piramidal, seja dentro de uma circularidade fraterna de corresponsabilidade.

O voto de obediência não vem tirar o ser humano das conjunturas do poder e da autoridade. Pela consagração lhe confere uma ótica, pela qual tenta descobrir dentro delas a concreção da vontade de Deus. É na mediação das pessoas, das comunidades e das conjunturas históricas que o desígnio de Deus e as aspirações humanas encontram sua explicitação e caminho.

5. Conclusão: mais que professar é viver a consagração

Os votos não trazem à *essência* da vida religiosa nenhum conteúdo teológico novo. Eles detalham a única consagração total a Deus, pela qual a pessoa religiosa quer deixar Deus ser Senhor e Deus de toda a sua vida em todas as suas manifestações, especialmente dos três eixos radicais sobre os quais ela gira. O caráter de publicidade dos votos confere ao religioso um lugar visível dentro da Igreja. Ela acolhe e defende a vida religiosa como um dom precioso de Deus para toda a comunidade. Por isso a fixação canônico-jurídica dos votos, antes de ser empecilho às novas formas de vida religiosa, quer ser seu amparo. O importante não é professar publicamente os votos, mas viver sua realidade concreta que traduz para o nível cotidiano e vital o único voto de doação e consagração a Deus.

V
Realização pessoal e obediência

Entre os temas que afloram em todas as discussões acerca da vida religiosa aparece ineludivelmente o da realização pessoal. Na consciência dos religiosos e das religiosas, especialmente dos mais jovens, eclodiu a convicção: devo me realizar pessoalmente da melhor forma possível. A vida religiosa, como outras vidas, deve oferecer a todos a chance de poderem realizar-se humana e espiritualmente. Se ela não se presta a isso, então para que a vida religiosa? Como a própria palavra sugere – *vida religiosa* –, ela deve fomentar a vida. Isso tanto mais quanto a crítica bastante difundida aponta o estado de vida religiosa como um dos fatores de desumanização, infantilismo, ingenuidade e servilismo. A inserção dos religiosos e das religiosas no mundo moderno, do estudo, do trabalho, das instituições seculares despertou poderosamente o anseio de maior realização pessoal.

1. Que é realização pessoal: representação e realidade

Que significa a realização pessoal? Quando buscamos a realização pessoal, nós fazemos dela uma ideia. Projetamos um ideal a partir do qual deduzimos metas, objetivos, modos de comportamento e estabelecemos valores positivos e negativos. Qual é a representação usual da realização pessoal? Ao perguntarmos e submetermos a uma crítica toda representação e imagem da realização pessoal, não visamos destruir nossos ideais. Mas purificá-los, tirar-lhes a ganga que encobre o cerne precioso e aprofundar a nossa paixão pela busca de nossa identidade. Aliás é esta a função de toda crítica: detectar o que é bom e purificá-lo; apontar o que é equivocado e superá-lo.

A nossa representação mais comum define a realização pessoal como a atualização, a promoção e a concretização de todas (se possível) as potencialidades de nossa personalidade. O ser humano é, por excelência, um ser complexo que vive em muitas dimensões: afetiva, intelectual, moral, profissional, artística, lúdica, amical, religiosa, etc. A tarefa da existência é desenvolver o que Deus semeou na vida de cada um. A parábola dos talentos que o Senhor "entregou a cada qual segundo a sua potencialidade" (Mt 25,14-30) vem aqui ao caso. O Senhor cobra de cada um em dobro os lucros dos talentos. Há que desenvolvê-los, fazê-los render. Traduzido: cada um deve realizar as potencialidades que foram depositadas no mistério da existência humana. Nisso está o processo de hominização. O ser humano não nasceu ainda. Está sempre em gestação e por nascer. O empenho de cada um é criar, com os talentos que Deus lhe galardoou, a sua estatura humana. Cada um é e se faz imagem e semelhança de Deus, na medida em que realiza na sua caminhada pessoal a sua humanidade.

O modelo que orienta essa representação da realização humana é o da eficiência-rendimento. Isso é típico da Modernidade. Todas as ciências transformadas em técnicas visam tirar o máximo de cada coisa. Da soja podem tirar-se 32 produtos. Do petróleo dezenas e dezenas. Esses dois produtos deram o que suas potencialidades permitiram dar. Chegaram à sua realização plena. Será que o ser humano é algo

148

como a soja e o petróleo? Certamente não. Ele é uma vida e não uma coisa. O que é tipicamente humano que o faz ser mais do que o petróleo e mais do que a soja?

a) As perguntas tornam estranho o evidente

Já começamos a colocar perguntas que nos confundem. Aquilo que parecia familiar e evidente obscurece-se. Que significa radicalmente realizar todas as potencialidades humanas? Quantas potencialidades possui o ser humano? Não diz a tradição ocidental, desde Aristóteles, passando por Santo Tomás de Aquino e São Boaventura até Teilhard de Chardin e M. Heidegger que o ser humano *est quodammodo omnia*: o ser humano é de alguma forma todas as coisas? Pode o ser humano realizar tudo e o todo que está nele?

Sejamos concretos: cada um vive uma situação dada. A situação é formada por opções e decisões que eu não tomei e que me antecederam. Estou jogado dentro de uma situação que não escolhi: minha família, minha corporalidade, minha inteligência, minha educação, minha situação de classe, meus vizinhos e colegas. Tudo isso me ad-veio a mim e me sobre-veio. Dentro desta situação me autodetermino e faço a caminhada de minha realização. A situação é o meu limite. A concretez da situação é sempre limitada. Como posso então, dentro do limitado, realizar o ilimitado de minhas potencialidades? Mas a situação é também chance e oportunidade, pois dentro dela vigem inúmeras possibilidades.

Quando posso dizer: "Agora me sinto realizado"? Quando satisfiz meus desejos? Quem limita meus desejos? Estar satisfeito com os desejos realizados não é estagnar-se e estar próximo da morte do espírito? Não dissemos antes que o ser humano é de alguma forma tudo? Os desejos humanos são os mais contraditórios: sentimos desejos da carne e desejos do espírito, desejos de morte e desejos de autorrealização, desejos de altruísmo e desejos de isolação. Quais devo realizar, quais não? Há uma hierarquia dos desejos?

Se a situação é sempre limitada, como criar para todos os que vivem numa mesma situação – como é o caso dos membros de uma ordem, de uma província, de uma paróquia, de uma casa – condições favoráveis para que cada um possa realizar-se plenamente? Quando algo se transforma em obstáculo? Não depende do modo como cada qual re-age face a esse algo? Para alguém, con-viver com alguém foi um obstáculo ao seu desenvolvimento. Para outro, foi a chance de descobrir dimensões novas e ter de tomar atitudes que de outra forma jamais tomaria e descobriria. Que é então obstáculo e chance para o pleno desenvolvimento pessoal? Não é assim que na realização humana cada um tem o seu caminho, o seu ritmo, as suas tentações, as suas oportunidades, enfim a sua caminhada? Que significa então dizer: a minha família, a província ou a diocese deve oferecer a todos as condições favoráveis para que todos possam buscar a realização pessoal?

Geralmente entendemos isso no sentido de que a província ou a diocese deve dar a todos a oportunidade de estudar, de se especializar em algum ramo, de se profissionalizar. O mundo moderno se caracteriza exatamente pela especialização cada vez mais exigente, pelo saber cada vez mais acumulado, pelo poder fazer (profissão) cada vez mais especificado. Será que a realização pessoal exige necessariamente um estudo especializado e uma profissionalização? É o que eu sei, é o que eu faço que decide de minha identidade? Ou não é antes o *modo como* eu sei e o *modo como* eu faço tudo o que faço? Alguém pode usar do saber especiali-

150

zado e de sua profissão para autopromoção, para autoafirmação sobre os outros, para orgulho pessoal e carreirismo. Como isso entra na realização pessoal? Não é isso negação da realização pessoal? O ponto crítico não está, portanto, no estudo nem na profissionalização, mas no *espírito* com que faço meus estudos e na *motivação* com que realizo minha profissão. Qual é esse espírito?

Mas alguém poderia dizer: os estudos e a profissionalização assumem o sentido de serviço mais qualificado aos outros! Isso é certo. Mas em concreto como realizo isso? Ajudo o outro, sendo assistente social, advogado, médico, artista, como qualquer assistente social, advogado ou médico o fazem? Ou o faço dentro de minha situação de ser religioso? Como aparece o meu ser-religioso? E se não aparecer, por que sou então religioso ou religiosa? Para ajudar os outros, preciso ser precisamente religioso ou religiosa? Não poderia simplesmente ser médico, advogado, assistente social? Se eu achar que aparece o meu ser-religioso, isso significa que a profissionalização e o estudo estão dentro do espírito religioso. Esse é que dá um modo de ser diferente ao meu trabalho. Dá o colorido típico.

O problema então não está no estudo e na profissão, mas em criar e alimentar esse modo de ser religioso, fazer com que o colorido seja nítido e límpido. Como faço isso? Estudando e me profissionalizando ou buscando o sentido profundo da minha vida, buscando-o incansavelmente e fazendo dele o polo orientador de todas as demais realizações? A realização humana se concretiza e enche a vida de sentido se conseguir colocar espírito religioso em tudo o que faço e empreendo.

b) Negatividades e eficiência

No modelo que estamos questionando do desenvolvimento de todas as potencialidades, o marco de referência polarizador é a eficiência-rendimento do ser humano. Transforma-se o ser humano numa espécie de máquina para saber ou para fazer. Para que produza mais, criam-se métodos dos mais refinados, de relações humanas, de dinâmica de grupo, especialmente de criatividade comunitária.

Alguns dizem: o ser humano possui 14 registros e deve acionar todos eles. Outros, vindos da tradição oriental, afirmam: temos sete chacras e importa ativá-los. Só então podemos nos considerar realizados. E o espírito, que registro ocupa? E a religião, que chacra representa? Alguém ficará com essa pergunta um pouco perplexo, porque o espírito não tem um registro nem a religião um chacra. Simplesmente porque entram em todos e não se limitam a um só. O espírito está no sistema de parentesco, no sistema viário, no sistema lúdico, etc. Que compreensão do ser humano é essa que deixa de fora o principal e o específico do ser humano?

Quando alguém fracassa, envelhece, se torna doente, não consegue se adaptar mais a uma situação: que fazer? Esse não tem chance de se realizar? Deve ser eliminado do grupo? Que sentido possuem as negatividades da vida no processo de autorrealização? A cruz, a humilhação, a aceitação, a traição do amigo, o perdão, a consciência do pecado... a carga de imperfeições inevitáveis e de situações irreformáveis, como devem ser encaradas? Elas tolhem o desenvolvimento das potencialidades? Devemos sublimá-las caso não pudermos superá-las? É na resposta a esses questionamentos que se revela nossa força de ser e nossa criatividade. Não devemos esquecer o que o espírito e a liberdade podem operar: podem transformar as negatividades também em caminho de realização e de acesso à mais profunda humanidade.

Na verdade foi esse o caminho de Jesus Cristo e de quase todos os sábios, mestres e místicos. O ser humano não é como uma planta. Se esta mirra, cresce estiolada, não deita flores e frutos e vive apenas uma existência infrutífera, sugando a seiva sem nada produzir, como diz Cristo na parábola da figueira estéril (cf. Lc 13,6-9), nós a cortamos e lançamos ao fogo. Assim procedemos porque nos movemos ainda na representação do rendimento da árvore. Não rendeu, logo perdeu o sentido da existência. No ser humano não é assim.

As negatividades podem significar o húmus rico no qual medra a humanidade e corre a seiva generosa. A liberdade pode tudo transformar e o espírito tudo vivificar. O mal é oportunidade para eu acolher o diferente de mim, o outro, e transformá-lo em próximo. É ocasião de perdão. A pedra no caminho não precisa ser obstáculo, mas pode servir de fundamento para a construção de minha casa.

Que significado possui a obediência no modelo que entende realização como atualização de todas as minhas capacidades? É o súdito que obedece ao superior? Ou não deve ser o inverso: o superior deve obedecer às qualidades dos súditos, criando-lhes chances de realização delas? Como o superior irá conciliar e contentar a todos, se suas possibilidades também são limitadas? Não poderá mandar todos para as melhores universidades do mundo, nem criar condições para que todos possam realizar tudo o que gostariam de realizar em todas as dimensões. Parece que tais perguntas beiram já o ridículo. Mas elas deixaram clara a pergunta fundamental: Sabemos o que buscamos quando queremos nos realizar plenamente em todas as dimensões? Não sabemos. Mas esse não saber não é ceticismo nem nos leva à inoperosidade; mas nos abre para o apelo e para a con-vocação da própria vida que é muito concreta e que carrega dentro de si toda a riqueza imaginável. Basta que a acolhamos e não a enquadremos dentro de representações fixas. A vida para nós é aquilo que vivemos. O caminho para a realização pessoal é o que estamos fazendo agora, num processo de caminho e de caminhada.

Neste nosso caminho concreto se abre o cenário no qual estão todas as dimensões: o caminho passa pelos campos, pelas pedras, pelos rios, pela cidade, pela escola, pelas igrejas, pela fábrica, pelo hospital, pelo cemitério. Em outras palavras, no caminho está tudo e nós nos confrontamos com tudo: com a vida e com a morte, com a doença e com a saúde, com o trabalho e com a oração, com o estudo e com as coisas banais. Não precisamos abandonar o caminho. Nem devemos. Caso contrário perdemos o caminho. É só andando nosso caminho que podemos passar por todas as dimensões que o cenário oferece. Qual o sentido do caminho? O que buscamos com nossa realização?

2. A vida situada: caminho para a realização pessoal

O caminho para a realização pessoal é a própria vida que vivemos dentro da situação concreta em que ela se encontra. O caminho é o próprio caminhante. O caminho não é a ligação entre um ponto e outro. A própria vida é caminho porque a vida nunca é dada pronta. Ela tem que ser feita e construída permanentemente. Faz-se caminho com a vida. E a vida é a pessoa concreta. Andando é que se faz caminho: *"Caminante, no hay camino; se hace camino al andar"* (Antonio Machado). A vida se vive, mas se vive na sua concreção. Em outras palavras: com tudo aquilo que ela traz consigo de caminho já palmilhado e ainda por palmilhar e de situação já feita e ainda por fazer. Sempre nos encontramos dentro de um caminho dado. Não inauguramos nenhuma via absoluta. Já nascemos dentro de uma direção. Mas esse caminho e essa direção estão prenhes de virtualidades que posso trazer à tona. E então percebemos que já estamos dentro de um sentido. Quando perguntamos por nossa realização pessoal, queremos buscar o sentido radical de nossa vida. Aquilo que enche todos os nossos atos, que confere luz para toda a caminhada do passado, do presente e do futuro, que dá força para assumir todas as vicissitudes da vida, que faz crescer com todas as experiências que fazemos ou que nos sobre-vêm e que dá unidade vital a toda a caminhada. Qual é o Centro da minha vida?

A maioria das crises hoje em dia na vida religiosa não provém da defasagem entre estrutura e vida, dos problemas psicológicos, da falta de diálogo na comunidade ou da ausência de um inserimento no mundo – provém da falta de um Centro na vida, que possa capitalizar tudo e dar unidade a todos os atos e a todas as tentações inerentes à vida humana e religiosa.

Qual é o Centro para os religiosos e para as religiosas? Naturalmente, Deus. Mas isso não é como uma resposta do catecismo a qual se faz mister decorar. Dizer: "Deus é o centro e o sentido radical de nossa vida", só é possível a partir de uma experiência. Percebemos que nada se sustenta por si mesmo, que tudo está aberto para um mais, que além das finalidades que podemos alcançar há um sentido secreto que se manifesta na vida, tudo penetra e conserva no ser. A essa abertura que notamos em todas as coisas, chamamos de presença de Deus, como amor, como providência, como atuação perene. O religioso e a religiosa são pessoas que fazem da experiência de Deus manifestado no mundo o polo orientador de toda a sua vida. Dizer: "Deus existe", não é a mesma coisa que sentenciar: "Uma árvore existe". Ao proferir a frase: "Uma árvore existe", não modifica fundamentalmente minha vida. Mas se disser: "Deus existe", tudo se modifica, porque reconheço que existe um último sentido que me acolhe a mim, que é o descanso de meu buscar, que conhece todo o riscado do bordado, em que não há ambiguidade dia-bólico-sim-bólico, sentido-absurdo, que está para além de tudo e, no entanto, no mais íntimo do universo e de mim mesmo. Essa fé modifica totalmente minha vida e o modo como vejo e interpreto o mundo. Viver a partir dessa dimensão de Deus é viver religiosamente.

Viver religiosamente consiste, portanto, num modo específico de ser no mundo: consiste em ver tudo e viver tudo como penetrado pela presença de Deus. Se ele é verdadeiramente Centro, então, tudo o que existe é revelação dele. Buscar sua vontade, detectar sua presença e decifrar o sentido de sua atuação (sinais dos tempos) em tudo o que acontece: essa é a angústia e a tarefa de toda alma verdadeiramente religiosa.

Se Deus surge dentro da experiência de vida, então ele surge sempre concreto, sob uma determinada imagem. Ele certamente não é imagem. Mas nós precisamos de imagens como vias de acesso ao seu Mistério. Caso contrário, morreríamos ou ficaríamos totalmente desamparados. A imagem nos permite dialogar com ele, rezar, suplicar, estabelecer uma relação, cobrar forças para o nosso viver cotidiano. Provavelmente, na nossa iniciação cristã, Deus nos apareceu primeiramente como o Pai bondoso e amoroso que nos cria e cuida de nós. Isso conferia sentido a tudo o que nos acontecia. Depois, com o viver da vida, também em seu aspecto trágico de sofrimento, de pecado, de absurdo de tantas coisas no mundo que não entendemos, lançamos a pergunta: "Como pode Deus ser Pai e amor e permitir tantas coisas incompreensíveis, até anti-humanas e antidivinas?" Questionamos nossa imagem de Deus Pai e amor. Ele se tornou estranho. É um Pai diferente dos pais terrenos. Entramos em crise. Devemos abandonar a imagem primeira de Deus Pai e amor. Custa-nos acolher, ao lado de Deus, também o inferno e o mal do mundo. Surgem dúvidas e angústias que não poupam a vida religiosa. Antes pelo contrário: é dentro dela que emergem mais angustiantes. Deus não pode ser enquadrado em nenhuma imagem. Ele sempre é um *Deus absconditus*. Rezamos e meditamos. E ele não nos fala. Parece que nossa vida não cresce. E contudo continuamos a celebrar, comungar, receber e administrar os sacramentos. Instalamo-nos em pequenos pecados quase insuperáveis. Vêm já as primeiras frustrações na vida religiosa que, em muitos aspectos, não possui nada de religioso. Na nossa caminhada aparecem as pedras e os obstáculos que nós criamos a nós mesmos pela nossa parca abnegação e pouca abertura, pela incompreensão dos outros.

Assumindo, corajosamente, esse fardo da vida, talvez aos poucos começa a se formar uma clareira dentro de nossa selva escura e selvagem: descobrimos Jesus Cristo como o Deus encarnado e sofredor. Aqui aparece o Deus do Novo Testamento: não é mais o Deus de quem rezava o salmista no Primeiro Testamento: "Grande é o Senhor, incomensurável o seu poder", mas o Deus do Segundo Testamento de quem rezava São Bernardo: "Pequeno é o Senhor e extraordinariamente amável". Deus não responde por que existe a dor, ele se faz o homem das dores (cf. Is 53,3); ele não responde ao porquê da humilhação, mas ele mesmo se humilha; ele não dá a razão da nossa pequenez e fragilidade, mas ele mesmo se torna pequeno e frágil. Aqui acaba a razão argumentativa que quer sempre saber o porquê e elabora uma teodiceia para isentar Deus dos desconcertos do mundo.

Agora a razão silencia. Começa a narração do evento da doçura, no qual Deus mesmo se identificou com a nossa miséria e com a nossa carne de pecado. Com isso nos foi revelado o amor humanitário de nosso Deus: ele ama os inimigos, os injustos (cf. Mt 5,45) e nos amou a nós quando ainda éramos seus inimigos (cf. Rm 5,6-10). Não se vinga, mas suporta com grande longanimidade. Ele é forte em poder suportar e acolher, sem vingança, todo o mal que é feito contra ele. Ora, Jesus Cristo encarnou esse amor de nosso Deus. Ele mesmo amou os inimigos, perdoou-lhes, entregou-se por nós quando o rejeitávamos (cf. Rm 5,6). Quando quis mostrar o amor de Deus, não tomou como exemplos os bons e justos, mas os rejeitados por nossos esquemas morais, como o samaritano, o publicano, a prostituta, as crianças, o centurião romano, a mulher pagã siro-fenícia.

Ele nos pede que imitemos nosso Pai celeste que possui assim um amor tão forte que pode conviver com todas as negatividades da vida (cf. Mt 5,48).

Ao compreendermos isso, talvez se abra para nós também o que significa Deus Pai e amor dentro do drama humano na experiência de nossa própria pequenez. Purificamos nossa imagem de Deus e, na imitação de Jesus Cristo, descobrimos sua nova face. Ela nos dá força e nos faz descobrir a riqueza das negatividades como escola de humilhação, de renúncia de todos os nossos esquemas, de experiência de morte na qual pode surgir a vida. Agora podemos dizer novamente *Deus é Pai* e não o entendemos como na nossa infância, mas como quem passou pela crise das imagens e amadureceu.

Para D. Bonhoeffer, teólogo a quem foi dado mais do que a ninguém viver o drama do absurdo existencial na prisão para onde foi lançado por participar no atentado contra Hitler e posteriormente executado, a essência do ser cristão reside exatamente em poder conviver com o sofrimento de Deus no mundo. Não para uma nova religião nos chamou Deus. Nem para uma observância de uma lei mais santa e de um caminho mais rigoroso nos convocou Jesus Cristo. Mas chamou-nos para participar da paixão de Deus no mundo, de seu sofrimento, da aceitação do inimigo como Jesus sempre o fez. Essa experiência de Deus se dá vivendo concretamente os altos e baixos da nossa vida. Esse é o caminho de nossa autorrealização: se soubermos acolher todos os desafios que a vida se encarrega de apresentar. Toda situação é boa, cada lugar é excelente para eu me medir comigo mesmo, mergulhar nas profundezas da vida e encontrar aí Deus, minha salvação ou também minha perdição. Aqui ninguém pode substituir o outro. Cada um está só. É a tarefa da minha existência; tudo depende de mim. Mas sendo fiel neste meu caminhar é que posso me encontrar com todos os caminhantes. É no centro que todos se encontram e são solidários. A geografia do mundo espiritual é diferente daquela do mundo físico. Nesta os países se tocam pelos limites. Na outra, pelo centro. A indiferença, a mediocridade, a ausência de paixão na busca é que nos distanciam do centro de todos e assim nos isolamos uns dos outros, embora estejamos ao lado deles, no meio deles e pretendendo estar a serviço deles. Qual é o melhor serviço que presto às pessoas? É ser eu mesmo radicalmente aquilo que devo ser: um ser de Deus, para Deus, com Deus e que vê em todas as coisas, mesmo nas mais distantes, a presença de Deus. As pessoas querem mais que o pão material. Querem pão substancial que mata a fome essencial e espiritual.

3. Autorrealização pessoal e as cruzes da vida

A realização pessoal não consiste, portanto, na quantificação de capacidades nossas que devem ser explicitadas e realizadas, mas na qualidade, no modo como fazemos bem aquilo que a vida situada nos apronta. A quantificação, a busca de títulos, de cursos indefinidos pode significar, e em muitos religiosos e religiosas significa, a fuga do encontro com a tarefa de sua vida: de se afrontar e se medir consigo mesmo, com seus desejos, com suas limitações, com seus problemas, com suas positividades e negatividades. Foge no acúmulo do saber inócuo que mais ensoberbece e afasta dos outros do que nos amadurece para poder compreendê-los. Aparece o afã de *eu* fazer, de *eu* saber, de *eu* promover. Não é mais a causa, o outro o importante, mas *eu* sou o importante, a *minha* realização pessoal é que se torna imprescindível.

A realização pessoal não é obra da razão que dis-corre daqui para ali, mas do recolhimento do espírito que colhe a riqueza de cada situação. Espírito não é algo ao lado do corpo e a forma mais alta da razão. Espírito é o modo de ser do ser humano que sabe descobrir o sentido de cada coisa. Por isso é própria do espírito a sabedoria da vida, a vivência do mistério de Deus, decifrado em cada situação. É a capacidade de ser todo em tudo o que se faz. Isso é próprio do Espírito. Espiritualidade é poder viver assim, Deus em cada coisa. Espiritualidade não é uma ciência ou uma técnica, mas um modo de viver.

A primeira tarefa da realização pessoal é aceitar, portanto, o próprio limite de sua situação vital e as possibilidades que contém. Nesse limite está tudo, não quantitativamente distendido, mas qualitativamente recolhido como que num centro. Entrar nesse centro de nós mesmos é encontrar Deus e todos os homens e todas as coisas. Por isso dizia a velha sabedoria da Índia: "Se alguém pensa corretamente, recolhido em sua cela, seu pensamento é ouvido a milhares de quilômetros de distância". "Se quiseres modificar os outros, modifica-te a ti mesmo!"

Outra tarefa imprescindível da realização pessoal é saber conviver com o último limite que é a morte. Quem dá sentido à morte, este dá sentido também à vida. Quem não vê sentido na morte, não dá sentido à vida. Morte, porém, é mais que o último instante de vida. A vida mesma é mortal. Em outras palavras, vamos morrendo lentamente, em prestações, porque, quando nascemos, começamos já a morrer, a nos desgastar e nos despedir da vida. Primeiro nos despedimos do ventre materno e morremos para ele. Depois nos despedimos da infância, da meninice, da juventude, da escola, da casa paterna, da idade adulta, de algumas de nossas tarefas, de cada momento que passa e, por fim, nos despedimos da própria vida.

Essa despedida é um deixar para trás não apenas coisas e situações, mas sempre um pouco de nós mesmos. Temos que nos desapegar, nos empobrecer e nos esvaziar. Qual o sentido disso tudo? Pura fatalidade irreformável? Ou não possui um sentido secreto? Despojamo-nos de tudo, até de nós mesmos no último momento da vida (morte), porque não fomos feitos para as coisas, nem para nós mesmos, mas para o grande Outro que deve encher nossa vida: Deus! Deus vai, na vida, nos tirando de tudo e nos reservando cada vez mais intensamente para si; tira-nos até da certeza de nossa bondade e de nossas virtudes interiores. Quem sabe, alguns são levados a imitar Jesus Cristo a ponto de serem despojados até da certeza se valeu a pena tanto esforço e a confiança que sempre depositaram em Deus, como Jesus Cristo na cruz, que, em brados, grita: "Meu Deus, meu Deus, por que me abandonaste?" (Mc 15,34). Aqui ele está na cruz totalmente nu, exterior e interiormente. Na aceitação e na curtição dessa situação se dá a vida perfeita e a ressurreição, isto é, a total comunicação de Deus. Não digo: "Assim se cria a condição para a total comunicação de Deus", mas: "Nisso se dá a comunicação exaustiva da vida de Deus".

O relato dos *I fioretti* de São Francisco de Assis explica o que significa a perfeita alegria: poder suportar o fato brutal de ser enxotado e malhado a pauladas, de ser chamado de falso religioso e ladrão de pobres por seu próprio irmão de hábito. Se ele suportar tudo com jovialidade, vive a perfeita alegria ou a vida plena em Deus. Quer dizer, quem conseguir incorporar as negatividades, mesmo injustas, em seu próprio centro, este alcançou o mais alto grau de hominização.

As negatividades e as crises pelas quais passamos possuem esta lição: de nos despojar e preparar para o total convívio com Deus. Então seremos totalmente nele.

4. A parábola do boneco de sal

Talvez uma velha historieta dos sábios antigos possa ilustrar o que acima refletimos:

"Era uma vez um boneco de sal. Após peregrinar por terras candentes e áridas, chegou a descobrir o mar que jamais vira e por isso não podia compreender. Perguntou o boneco de sal:

– Quem és tu?

E o mar respondeu:

– Eu sou o mar! Tornou o boneco de sal:

– Mas que é o mar? O mar respondeu:

– Sou eu!

– Não entendo – disse o boneco de sal.

– Gostaria muito de compreender-te... como faço?

O mar respondeu:

– Toca-me!

Então o boneco de sal, timidamente, tocou o mar com as pontas dos dedos do pé. Percebeu que aquilo começou a ser compreensível. Mas logo deu-se conta:

– Veja só: desapareceram as pontas de meus pés?! Que me fizeste, ó mar?

O mar respondeu:

– Tu deste alguma coisa para que pudesses me compreender.

E o boneco de sal começou a entrar lentamente mar adentro, solene e devagar, como quem vai fazer o ato mais importante de sua vida. Na medida em que entrava, ia se diluindo. E nessa mesma medida ia compreendendo mais e mais o que era o mar. O boneco ia repetindo de si para consigo mesmo a pergunta: 'Que é o mar?' Até que uma onda o tragou totalmente. E ele pôde ainda dizer, no momento de ser diluído pelo mar: 'Sou eu!'"

O boneco de sal começou a compreender o mar na medida em que dava alguma coisa de si e se despojava do seu eu. Da mesma forma o ser humano: na medida em que se despoja de si, pode se identificar com Deus. No total despojamento é que se dá a identificação com Deus-tudo em todas as coisas (cf. 1Cor 15,28). A morte é esse momento alquímico de mergulho em Deus.

As crises da vida nos preparam para isso. Já o referimos anteriormente, crise significa, no seu sentido originário em sânscrito, purificação e acrisolamento. As crises da vida não nos colocam apenas em fossas existenciais, mas são oportunidade de acrisolamento do nosso cerne que está coberto, não raro, por tanta ganga, interesses feitos, apegos terrenos. Devemos desprender-nos de coisas superficiais e fixar nosso empenho numa realização cada vez mais profunda e verdadeira. Como o boneco de sal que, na medida em que deixava de ser ele, se identificava com o mar, com o outro, finalmente com Deus.

A vida nos assolará com dificuldades, com situações de crise interior e exterior, oferecendo-nos sempre a oportunidade de um maior crescimento. De nós depende saber aproveitar a oportunidade bem-aventurada. Saber aproveitar a riqueza de todos os momentos da vida, para crescer na nossa identidade, na nossa capacidade de aceitar o diferente de nós mesmos (o mar): nisso reside a realização pessoal. Fugir, culpar o passado, descarregar a responsabilidade às estruturas inoperantes e criticar os outros trai o mecanismo infantil que se instalou em nós e que não se abriu para a busca da realização pessoal, porque não descobriu ainda a riqueza da vida concreta que é sempre um caminho com muitas pedras, buracos e zigue-zagues.

Saber fazer de tudo um trampolim para uma realização maior, mais plena e profunda é o desafio da vida. Só quem aceita a morte, a diluição de si mesmo como o boneco de sal, compreende. Por isso o Senhor diz: "Quem não renunciar a si mesmo e não tomar a cruz e não me seguir, esse não pode ser meu discípulo" (Lc 9,23). "Se a semente não morrer, não dará fruto" (Jo 12,24-26). "Se alguém quiser salvar sua vida, deverá perdê-la" (Lc 9,24).

5. Obediência como audiência de Deus

Importa enfrentar tudo o que a vida traz, não só aquilo que nos ad-vém e sobre-vém de fora, mas também aquilo que nos vem à mente e ao coração. Tudo pode se transformar em caminho para a autorrealização e em via pela qual Deus mesmo se manifesta sempre pro-vocativo, isto é, que chama para a frente e para nova decisão. Quem se decide a isso, esse entenderá o valor religioso da obediência.

Ela é muito mais do que obedecer ao superior, às normas e às injunções da situação. No fundo, como a própria palavra obediência diz, é um *ob-audire*, um ouvir atentamente a voz de Deus, provocativa, que se faz ouvir na situação concreta. São Francisco queria ser servo obediente a toda criatura. Que quer dizer isso? Quer dizer que ele se esforçava para ouvir atentamente a mensagem divina gravada em todas as criaturas, nas pessoas, especialmente nos pobres e hansenianos, nos animais, até no mau guardião que incompreendia seus irmãos. Isso exige, naturalmente, total desprendimento de si e máxima concentração naquele que se esconde por detrás de tudo. Essa obediência não diz respeito somente ao súdito, mas especialmente ao guardião que, pelo fato de ser guardião, está mais obrigado a ser obediente a Deus e a ouvi-lo em todas as coisas, também na vontade do súdito.

Para compreendermos bem essa obediência como escuta atenta, precisamos compreender que ela é a máxima expressão da liberdade e não o seu limite. O ser humano é por criação e graça um livre senhor e a nada sujeito (cf. 1Cor 9,1). Por isso ninguém pode escravizar o outro. Sem liberdade não há nem amor nem obediência. Por outro lado, o ser humano pode fazer-se em sua liberdade um servo de todos e a todos sujeito. Em sua liberdade pode acolher a vontade do outro.

O problema da obediência está no movimento da liberdade que se dispõe a escutar o outro e ir ao encontro de sua vontade. A obediência é assim sinônimo de pura liberdade. Quem age assim, esse possui autoridade (vem de *augere*, crescimento), cresce e faz os outros crescer. Ela não tem nada a ver com o comodismo e com a passividade daqueles que a tudo se submetem para eximir-se de ter que pensar e decidir. Mas é a máxima decisão da liberdade para Deus. Nesse sentido é via da permanente ausculta e ob-audiência de Deus dentro das exigências comunitárias ou da vida.

6. Conclusão: o fim do caminho é caminhar

Consideramos que a identidade do religioso e da religiosa não está nas coisas que eles fazem, mas no modo como eles as fazem. O modo lhes é ditado pela experiência de Deus, vivida na cotidianidade da existência, com suas contradições e positividades. É a escola ou a clínica de Deus, onde ele nos educa e acrisola para o grande encontro na morte e para além da morte. É o momento do grande abraço e fusão personalizadora e realizadora, onde, sem perdermos nossa identidade, pequenos como o boneco de sal, seremos identificados com a imensidão do mar divino. Então nós não conteremos a Deus com nossa experiência, mas seremos contidos nele como o boneco de sal que finalmente diz: "Eu mesmo!" e mergulha na maior realização possível, no Útero aconchegador de Deus, Pai e Mãe de infinita bondade e ternura.

Essa vivência define nosso viver e dá o *tônus* ao nosso fazer. O que fazemos, nesse nível, é relevante, mas não decisivo. O problema é sempre como fazemos e qual o móvel de nosso trabalho. A profissionalização em si é indiferente. Pode ser, e talvez deva ser, um meio de entrarmos no mundo moderno. Mas como nos profissionalizamos? De que maneira exercemos nossa profissão? É ela uma fuga de nossa verdadeira identidade, ocupando-nos com uma profissão para ocultarmos nosso medo de perguntar: Qual o sentido radical do meu viver e que enche meus dias, também no inverno da vida até a entrega total ao mistério de Deus?

Não raro, a crise de nossos afazeres e nossa inutilidade social é ocasião para a emergência da pergunta: Qual o sentido da vida religiosa, para além de todas as finalidades eclesiais e sociais? Ela tem um sentido em si mesma, como busca do Centro dentro da vida, como cultivo do espaço da espiritualidade.

O caminho da vida, também religiosa, se perde no horizonte sem fim. Nem por isso devemos deixar de andar, pois essa é a sina humana querida por Deus. "Se quiseres percorrer um caminho de dez mil passos", dizia sabiamente Mao Tsé-Tung, "começa por dar o primeiro passo. Sem ele nunca se alcançarão os dez mil."

"O caminho é longo, íngreme e difícil", queixava-se um discípulo ao Buda. E este respondeu: "Amigo, o caminho é longo e difícil porque tu queres chegar logo ao fim do caminho. O verdadeiro fim do caminho não é chegar ao fim, é o caminhar".

Quarta parte
Espiritualidade, política e
contemplação

I
Fé e política: suas implicações

Política é a busca comum do bem comum. Por isso a política tem sempre a ver com a sociedade e com a vida cotidiana das pessoas, com os salários, com o preço do pão, com as passagens de ônibus, com as prestações da casa própria e com o sistema escolar. Nada do que é social está fora da política.

É a política que organiza a forma como vivemos juntos, produzimos e distribuímos os bens e os serviços. Nesse sentido as igrejas e as religiões também estão dentro da vida política de uma nação.

Vejamos primeiramente os dois termos da questão. Comecemos pelo conceito de política.

1. Política social e política partidária

Há dois tipos de política. Uma escrita com "P" maiúsculo e outra com "p" minúsculo. Ou então a Política social (P) e a política partidária (p).

Política social (P): é tudo o que diz respeito ao bem comum da sociedade; ou então é a participação das pessoas na vida social. Assim, por exemplo, a organização da saúde, da rede escolar, dos transportes, a abertura e a manutenção de ruas, a rede de água e esgoto, etc., tem a ver com política social. Lutar para conseguir um posto de saúde no bairro, unir-se para trazer a linha de ônibus até o alto do morro, participar de uma manifestação no centro da cidade pela

reforma agrária, pelo solo urbano, contra a violência polici-
al, é fazer política social. A criação de associação de mora-
dores, a fundação de um núcleo sindical e a participação
num centro de defesa dos direitos humanos significa fazer
política social. Essa política visa o bem comum de todos ou
de um grupo, cujos direitos estão sendo desrespeitados. De-
finindo de forma breve, podemos dizer: política social ou
Política com "P" maiúsculo significa, repetimos, a busca comum do bem comum.

Política partidária (p): significa a luta pelo poder de estado, para conquistar o governo municipal, estadual e fede-
ral. Os partidos políticos existem em função de se chegar ao
poder de estado, seja para mudá-lo (processo revolucioná-
rio), seja para exercê-lo assim como se encontra constituí-
do (governar o estado que existe). O partido, como a palavra já o diz, é parte e parcela da sociedade, não toda a sociedade. Cada partido tem por trás interesses de grupos ou de
classes que elaboram um projeto para toda a sociedade. Se
chegarem ao poder de estado (governo), vão comandar as
políticas públicas conforme o seu programa e sua visão partidária dos problemas.

Com referência à política partidária, é importante considerar os seguintes pontos:

• ver qual é o programa do partido;

• ver como o povo entra nesse programa: se foi discutido nas bases; se atende aos reclamos históricos do
povo; se prevê a participação do povo, mediante seus
movimentos e organismos, na sua concepção, imple-
mentação e controle;

• ver quem são os candidatos que representam o programa: que biografia têm; se sempre mantiveram uma

ligação orgânica com as bases; se são verdadeiramente aliados e representantes das causas da justiça e da mudança social necessária, ou se querem manter as relações sociais assim como são, com as contradições e até injustiças que encerram.

Bastam esses critérios simples para se perceber o perfil do partido e dos candidatos: de *direita* (se querem manter inalterada a relação de forças que favorece os que estão no poder); de *esquerda* (se visam mudanças estruturais para superar estruturas perversas que marginalizam as grandes maiorias); ou de *centro* (os partidos que se equilibram entre a esquerda e a direita, procurando sempre vantagens para si e para os grupos que representam).

Por ser parte e não toda a sociedade, a política partidária é, por si mesma, conflitiva; é uma verdadeira luta de partes contra outras partes, de visões, opiniões, programas, discussões permanentes entre políticos que vivem se confrontando. Tudo isso pertence à lógica da política partidária. As acusações, os dossiês, as sátiras, as segundas intenções pertencem ao jogo político-partidário. De modo geral pode-se dizer que o político pensa sempre numa única intenção, vale dizer, na segunda intenção. Em tudo o que diz e faz, pensa nos eventuais ganhos ou perdas para si e para o seu partido.

A política, seja social, seja partidária, tem a ver sempre com o poder. Max Weber em seu famoso texto "A política como vocação"[1] já nos havia advertido: "Quem faz política busca o poder. Poder ou como meio a serviço de outros fins, ou poder por causa dele mesmo, para desfrutar do prestígio

---

1. WEBER, M. A política como vocação. In: GERTH, H. & MILLS, W. (orgs.) *Ensaios de sociologia*. Rio de Janeiro: Zahar, [s.d.], p. 97-153.

que ele confere". Esse último modo de poder político foi exercido historicamente por nossas elites a fim de se beneficiar dele, esquecendo o sujeito de todo o poder que é o povo. Mas há também um exercício do poder assim como deve ser, de forma ética, como administração do bem comum ou como instrumento para fazer as reformas e as transformações necessárias.

O poder para ser poder tende a ser forte. Por isso o poder quer sempre mais poder. Nisso há um risco, o risco do totalitarismo da política, de politizar todas as questões, de ver somente a dimensão política da vida. Contra isso devemos dizer que tudo é político, mas a política não é tudo. A vida humana, pessoal e social, possui bem outras dimensões, como a afetiva, a estética, a lúdica e a religiosa. A política tem o seu lugar e não deve pretender ocupar todos os lugares.

2. O que a Bíblia diz da política

A Bíblia é um livro religioso antes de ser um texto político. Mas ela possui também uma dimensão política, no sentido maiúsculo, que pode inspirar o compromisso político dos que a aceitam como texto de revelação. Aduzamos aqui alguns temas importantes:

- Êxodo: esse livro revela como Deus escuta o grito dos oprimidos e se mostra como o Deus libertador do povo escravizado no Egito contra o faraó escravizador. Um tema atravessa toda a Bíblia: a libertação. A libertação *da* terra da escravidão (Egito, Babilônia) e libertação *para* a terra prometida, a terra da liberdade. Por fim a Bíblia apresenta uma libertação integral e total que inclui a libertação da morte e a completa realização da pessoa e do cosmos através da ressurreição em Deus.

• Profetas: anunciam a Deus como o Deus da justiça, especialmente, dos mais fracos e indefesos. Denunciam a religião-ópio, separada da vida e sem preocupação com o direito, com a justiça e com o perdão (cf. Am 5,21-27; Is 1,10-17; 58; Os 6; Jr 7; Zc 7; etc.). Mantém sempre vivo o horizonte utópico de uma sociedade de justiça, de bem-querença, de cuidado com a natureza e de fraternidade.

• Evangelhos: o Reino de Deus, a pregação do Jesus histórico, significa a grande política de Deus sobre sua criação. Expressa sua vontade de completa libertação de tudo o que diminui e oprime o ser humano e a plena realização dos sonhos de um mundo resgatado e completamente aberto para Deus. É a revolução absoluta que inclui uma dimensão pessoal (conversão), social (libertação das doenças, da fome, das injustiças e dos ódios) e final (ressurreição do universo e a vida eterna).

• Prática de Jesus: Ele concretamente sempre toma a defesa dos pequenos contra os grandes (cf. Lc 13,10-17: a cura da mulher encurvada e a crítica do chefe da sinagoga); liberta o povo dos males concretos (doença, fome, morte – cf. Lc 7,21-23: os sinais do messias libertador). Tem a coragem de gritar: "Felizes vocês, pobres, porque de vocês é o reino"; e: "Ai de vocês, ricos, porque já têm a sua consolação". Essa prática de Jesus é política. Nasce da fé e tem consequências na esfera política. A perseguição, a tortura, a crucifixão foram consequências de suas atitudes em favor dos perdidos deste mundo, pois anunciava que Deus é Deus bom especialmente para aqueles que se consideravam pecadores e excluídos da comunidade dos justos.

Vimos a realidade da política. Vejamos agora a realidade da fé.

3. A fé e sua dimensão política

A fé não é um *ato* ao lado de outros. Mas é uma *atitude* que engloba todos os atos, toda a pessoa, o sentimento, a inteligência, a vontade e as opções de vida. É uma experiência originária do encontro com o Deus vivo. Esse encontro muda a vida e a forma de ver todas as coisas. Pela atitude de fé vemos que tudo está ligado e religado a Deus, como aquele Pai/Mãe que tudo criou, tudo acompanha e tudo atrai para que todos possam viver em comunhão feliz uns com os outros e com Ele já aqui neste mundo e plenamente na eternidade.

Nesse sentido, a fé engloba também a política com "P" maiúsculo (política social) e com "p" minúsculo (política partidária). Sempre se pode perguntar: Em que medida a política, seja social, seja partidária, é instrumento para a realização dos bens do reino como a justiça, a solidariedade e a tolerância? Em que medida a política cria as condições para as pessoas se abrirem à cooperação umas com as outras – não se entredevorando pela competição – e à comunhão com Deus?

A fé não fica apenas como experiência pessoal de encontro com Deus. Ela se traduz concretamente na vida. Ela é como uma bicicleta; possui duas rodas – a roda da religião e a roda da política – mediante as quais se torna fé concreta.

A *roda da religião* se concretiza pela contemplação, pela oração, pelas celebrações, pela leitura popular da Bíblia, pelas romarias, pelos sacramentos... numa palavra: pelo culto. Muitos reduzem a religião somente a essa roda.

A fé também possui uma segunda roda, a da *política*; é o seu lado mais prático. A fé se expressa pela prática da justiça, da solidariedade, da denúncia das opressões, pelo protesto e pela prática da libertação. Como se vê, política aqui é sinônimo de ética. Temos que aprender a nos equilibrar em cima das duas rodas para podermos andar corretamente.

A Bíblia considera a roda da política (ética) como mais importante que a roda da religião institucional (culto; cf. Mt 7,21-22; 9,13; 12,7; 21,28-31; Gl 5,6; Tg 2,14). Sem a ética, a fé fica vazia e inoperante. São as práticas e não as prédicas que contam para Deus. Não adianta dizer: "Senhor, Senhor" e com isso organizar toda uma celebração; mais importante é fazer a vontade do Pai que é amor, misericórdia, justiça e perdão, coisas todas práticas, portanto, éticas (cf. Mt 7,21).

A dimensão política da fé mostra, como dissemos, a sua perspectiva ética. Por ética entendemos a dimensão de responsabilidade, a vontade de construir relações de participação e não de exclusão tanto na vida cotidiana e familiar quanto na escola, nos movimentos sociais, nas comunidades cristãs, na sociedade e no poder público. Hoje os problemas como a fome, o desemprego, a deteriorização geral das condições de vida e a exclusão de grandes maiorias são de natureza social e política, portanto, ética. Então a fé deve mostrar sua força de mobilização e de transformação nesse campo social e político (cf. Puebla, n. 28 e 90).

4. Relação entre fé e política

Há dois níveis de relação: um existencial-vital e outro institucional.

a) No nível existencial-vital

No nível concreto, fé e política se encontram juntas na vida das pessoas. A política é uma dimensão da fé concreta da pessoa na medida em que vive a fé nas suas duas rodas: fé como culto e fé como ética, como prática de justiça e como espiritualidade. A fé inclui a política, quer dizer, um cristão, pelo fato de ser cristão, deve se empenhar na justiça e no bem-estar social; também deve optar por programas e pessoas que se aproximem o mais possível àquilo que entendeu ser o projeto de Jesus e de Deus na história.

Mas a fé transcende a política, porque a fé se refere também à vida eterna, à ressurreição da carne, à transformação do universo, coisa que nenhuma política social e nenhum partido ou estado podem prometer. Nós queremos uma sociedade justa e fraterna e, ao mesmo tempo, queremos a ressurreição da carne e a vida sem fim e feliz por todo o sempre. Mas a fé não é somente boa ao nos apresentar uma promessa, é boa também para inspirar uma sociedade humana, justa e tolerante.

A passagem da fé à política partidária não é direta. Quer dizer, do Evangelho não se deduz diretamente o apoio a um determinado partido e o dever de votar nele, nem quanto deve ser o salário mínimo. O Evangelho não oferece soluções, mas inspirações para que se possa escolher bem um partido e criar um salário digno. Para isso precisa-se de ferramentas adequadas de análise da realidade social, de movimentos e instituições, de partidos e programas que permitem dar corpo à fé como prática ética.

b) No nível institucional

A fé não se realiza apenas no nível existencial-vital, mas também no nível institucional e público. Dentro desse nível temos a ver com quatro concretizações. Em primeiro lugar a Igreja, como um todo: ela se relaciona com um outro todo que é o Estado. Em seguida, temos a relação que a hierarquia ou o grupo de direção da Igreja ou de uma religião tem com a política. Depois a relação que as comunidades eclesiais têm com a política. E por fim a relação que os leigos, membros do povo de Deus, entretêm com a política. Consideremos cada uma dessas relações:

• Relação entre Igreja e Estado: aqui se trata de tomar em consideração duas instituições: a Igreja (ou igrejas) que se situa na esfera religiosa, e o Estado, na esfera secular. Ambas são soberanas em sua área (no seu aspecto jurídico). Devem se respeitar mutuamente. Devem colaborar quando se trata do bem comum de toda a sociedade. Historicamente houve três posições na relação Igreja-Estado:

– *clerical* ou regime de cristandade: uma religião é oficialmente assumida pelo Estado que a impõe a todos os cidadãos;

– *laicista* ou *secularista*: o Estado se opõe a todas as religiões, como na antiga URSS; no máximo tolera as religiões e igrejas enquanto entidades sociais;

– *laica* ou *aconfessional*: o Estado reconhece a validade de todas as igrejas e religiões, não assumindo ele mesmo nenhuma delas; mas zela para que todas se coloquem dentro da constituição, válida para todos os cidadãos.

Hoje os estados mais abertos valorizam as religiões e igrejas como instâncias importantes para a sociedade na medida em que são portadoras de valores, são instâncias éticas, incentivam a espiritualidade, educam o ser humano para a solidariedade e lhe abrem a mente para uma vida para além desta vida. Essas posturas são importantes politicamente, pois uma sociedade fechada em si mesma, sem referência para cima, para uma vida que continua para além desta, pode perder o horizonte utópico, a esperança e a desdramatização necessária face às tragédias históricas, aos problemas humanos, muitos deles de difícil solução, no quadro comum da história. A religião quer vida plena antes da morte e ajuda a superar o cinismo, a insensibilidade e a desesperança face ao futuro e face ao que podemos esperar depois desta vida.

• Relação da Igreja hierárquica ou grupo de direção com os partidos políticos: a Igreja hierárquica é constituída apenas pelo clero (bispos, padres/pastores, diáconos) que busca representar toda a comunidade dos professantes. Por isso, como tal, os bispos, os pastores, os padres e os diáconos não podem assumir, como coisa de igreja, um partido político que é sempre parte da sociedade. A igreja hierárquica é apartidária, mas não fora da sociedade, portanto, apolítica.

A hierarquia deve contribuir para evangelizar a política:

– educando as pessoas para a participação na sociedade, denunciando as injustiças, anunciando uma sociedade de cooperação e de paz;

– participando das celebrações, das lutas, dos avanços e das esperanças do povo;

– apoiando e solidarizando-se com as grandes causas que realizam os direitos do povo, como a reforma agrária, as questões da saúde, da moradia, da violência, da segurança, estando presente em atos públicos;

– oferecendo espaços físicos (nas paróquias, nos colégios, nos centros comunitários) para encontros e motivando o povo disperso para que se organize;

– consolando os oprimidos frente a tantas derrotas, mortes e dramas sociais; é a pastoral dos profetas que consolavam o povo oprimido ou em exílio;

– alimentando a mística, isto é, os grandes sonhos e a esperança de uma sociedade melhor que supera as atuais opressões, pois sem esperança nenhuma sociedade sobrevive.

• Comunidades cristãs e partidos políticos: as comunidades cristãs, de base ou não, representam a força autônoma dos cristãos leigos e quando de base configuram um novo modo de ser de toda a Igreja. Elas são Igreja na base, onde se procura unir fé e vida e viver a fé como religião e como política libertadora. Vamos nos restringir às comunidades eclesiais de base (CEBs).

As CEBs não podem servir de espaço político-partidário porque elas são Igreja, espaço aberto a todos, independentemente da coloração partidária, que querem expressar sua fé e devem estar a serviço do bem comum. Isso significa que pessoas de qualquer partido (PT, PDT, PSB, etc.) podem participar das CEBs e sentir-se nelas como em sua casa, mas não a título de membros do partido, e sim como cidadãos e cristãos. Entretanto, política e CEBs devem ser distinguidas, não se opõem e podem se completar: as CEBs estimulam a participação de seus membros na política (social e partidária); a política partidária é um lugar onde se vive a fé como prática ética, como justiça e como vontade de transformação da sociedade para que todos possam caber nela. Dentro do espaço das CEBs deve-se discutir a dimensão ético-política dos vários projetos políticos vigentes no mundo, dos vários programas partidários e considerar qual deles está mais próximo das exigências da fé.

Para os cristãos, deve-se analisar até que ponto tais programas se afinam com o projeto de Jesus e dos apóstolos, como ajudam na libertação dos oprimidos e marginalizados e em que sentido abrem espaço à participação de todos. Mas a decisão partidária é assunto de cada consciência e não de uma decisão comunitária.

Dada a conjuntura de deteriorização das condições de vida do povo e dos níveis crescentes de exclusão em razão da lógica da mundialização e do mercado, a fé aponta para uma *política partidária que deve seguir a seguinte linha:*

– uma política *libertadora*: não basta reformar a sociedade que está aí; importa um outro modelo de sociedade que permita mais inclusão mediante a participação, a justiça social e a dignidade. Ora, a libertação quer tal projeto, coisa que uma simples reforma não consegue;

– uma política libertadora *a partir das maiorias pobres e excluídas*: deve começar bem embaixo, pois assim não deixa ninguém de fora. Se começar pelos assalariados ou pela burguesia, deixa de fora, de saída, quase metade da população excluída;

– uma política libertadora que use *métodos libertadores*, quer dizer, que use processos participativos do povo, de baixo para cima e de dentro para fora. Essa política pretende outro tipo de democracia: não apenas a democracia representativa/delegatícia (em cada quatro anos temos o direito de eleger um presidente e delegar-lhe poder, sem voltar a controlá-lo), mas uma democracia participativa pela qual o povo, com suas organizações, ajuda a discutir, a decidir e a resolver as questões sociais. Por fim uma democracia sociocósmica que incorpore como cidadãos, com direitos de serem respeitados, a Terra, os ecossistemas e os seres da criação com os quais mantemos relações de interdependência;

– uma política que use *meios transparentes* que os poderosos dificilmente podem usar, como a verdade, a resistência ativa, a razão solidária. Para a criação de uma sociedade justa e pacífica, os meios devem ser também justos e pacíficos.

• Relação dos leigos com a política partidária: o leigo é membro do povo de Deus e da comunidade cristã. Ele, iluminado por sua fé, pode fazer política partidária como cidadão que é. Portanto, nada de receber ordens dos bispos e dos padres para apoiar determinado partido (política cristã). A política deve ser laica e não clerical. A fé cristã e o Evangelho oferecem critérios de orientação política, como enumeramos acima. Principalmente deve reforçar a democratização de todas as instâncias.

A militância exige competência, conhecimento da realidade social e também uma espiritualidade adequada para que faça da fé um fermento de ética, de transparência, de abnegação no serviço da coisa pública. Em função disso surgiu em 1993 a articulação nacional do *Movimento Fé & Política*, que visa melhorar a participação dos cristãos no campo da política (estudando e se reciclando) e no campo da fé (alimentando a mística e aprofundando teologicamente as questões).

Os que estão na coordenação das CEBs e que, por isso, representam toda a comunidade, devem normalmente deixar o cargo de direção quando se candidatam. Isso deverá ser discutido com os membros da própria comunidade para, assim, não constrangê-la indevidamente. Mas esses coordenadores candidatos devem continuar participando da CEB. A comunidade e os movimentos não devem abandonar os membros que participam da política partidária, mas sim reforçar seu engajamento para que dentro desse campo difícil da vida partidária possam levar os valores humanitários e sociais que nascem da fé.

As estruturas políticas atuais são carregadas de vícios, e os professantes da fé cristã podem dar uma colaboração que oxigena as relações políticas, obriga a transparência contra uma visão conspiratória e reforça a democracia em todos os níveis como forma de circulação de informações e de participação nas decisões.

5. Conclusão: a memória perigosa de Jesus

Os cristãos não devem nunca esquecer que somos herdeiros da memória perigosa e libertária de Jesus. Por causa de seu compromisso com o projeto do Pai e com os humilhados e ofendidos de seu tempo, foi um perseguido, feito prisioneiro político, foi torturado e condenado na cruz, o pior castigo político-religioso de seu tempo. Se ressuscitou, foi para, em nome do Deus da vida, animar a insurreição contra uma política social e partidária que penaliza o povo, especialmente os mais pobres, que elimina os profetas e os pregadores de uma justiça maior e reforçar a todos os que querem uma sociedade nova com uma relação libertadora para com a natureza, para com todos e para com Deus.

II
Libertação e vida religiosa

"Libertar para a comunhão e para a participação": eis a expressão encontrada pelas Assembleias de Bispos Latino-Americanos das últimas décadas do século XX (Medellín, Puebla e Santo Domingo) para definir a missão da Igreja na América Latina, ao lado dos pobres, contra a pobreza e em favor da vida e da liberdade. Com essa fórmula, curta e essencial, se apreende a natureza da evangelização e também sua intenção. A evangelização, em condições generalizadas de opressão de toda ordem, implica necessariamente justiça social e libertação. A libertação integral se ordena a produzir mais e mais comunhão e participação, em todos os níveis da realidade humana.

A libertação resgata o projeto originário de Deus em Jesus Cristo que reside no chamado à comunhão e à participação da vida divina. Não são o pecado e a redenção que formam o conteúdo essencial da mensagem evangélica, mas a alegre notícia de que o amor de Deus nos abraça, apesar de nosso pecado, e que Deus se entregou a si mesmo para que tivéssemos vida em abundância. A liberdade se encontra na protologia do mistério cristão e a liberdade constitui o conteúdo do quadro final do universo (escatologia).

Sem embargo, existe o pecado e a des-graça. É a recusa à autocomunicação de Deus; é o encaramujamento do ser humano sobre si mesmo, esquecendo-se da Fonte de onde tudo vem e para onde tudo flui. Daí a vigência da opressão, expressa pela falta de comunhão e de participação. Daí o imperativo: "Libertar para a comunhão e para a participação", já que elas de outra forma não podem existir.

1. Nexo entre libertação, comunhão e participação

Com muito acerto o disseram os bispos latino-americanos em Puebla (1979) em seu famoso documento *A evangelização no presente e no futuro da América Latina*:

> O amor de Deus que nos dignifica radicalmente se faz necessariamente *comunhão* de amor com os outros homens e *participação* fraterna; para nós, hoje em dia, deve tornar-se sobretudo obra de justiça para com os oprimidos, esforço de *libertação* para quem mais precisa. [...] A comunhão e a participação verdadeiras só podem existir nesta vida projetadas no plano bem concreto das realidades temporais, de tal modo que o domínio, o uso e a transformação dos bens da terra, dos bens da cultura, da ciência e da técnica se vão realizando em um justo e fraterno domínio do ser humano sobre o mundo, tendo-se em conta o respeito da ecologia (n. 327 [grifos do autor]).

Resumindo tudo numa frase: no nosso contexto, se quisermos a justiça para os oprimidos, a comunhão e a participação com conteúdos concretos, precisamos entrar num processo de libertação.

Como se depreende, a comunhão e a participação formam a meta a ser alcançada; a libertação perfaz o caminho que conduz para lá.

2. Libertação: tema da Igreja latino-americana e universal

O tema da libertação pertence hoje ao patrimônio comum da Igreja universal, latino-americana e brasileira. A consciência cristã compreendeu que nesta hora histórica, dada a gravidade das contradições sociais e das injustiças em nível global e estrutural, a fidelidade a Deus e aos sinais dos tempos exige que se articule fé com justiça, esperança com libertação e amor pastoral com promoção humana. Em tempos passados ou ainda por vir, é possível que a fé exija outras práticas e coloque diversamente os acentos. O Papa Paulo VI, em sua exortação apostólica *Evangelii Nuntiandi*, sempre sensível à atualização da mensagem cristã, ponderou: "A evangelização comporta uma mensagem explícita, adaptada às diversas situações e continuamente atualizada [...] sobremaneira vigorosa *em nossos dias* sobre a libertação" (n. 29; Puebla, n. 479 [grifo do autor]).

Esse tema, portanto, não pertence ao repertório interessante de certos grupos de Igreja, os teólogos da libertação. A libertação densifica uma forma específica da própria Igreja de viver a totalidade da fé em íntima conexão com a paixão dolorosa dos oprimidos de nosso tempo. A estes, a Igreja não lhes prega resignação, mas os convoca para a libertação; aos ricos, por sua vez, não lhes pede esmolas, mas conversão, solidariedade e mudança na direção de uma sociedade justa.

Com razão ponderou João Paulo II: "A libertação é uma realidade de fé, um dos temas bíblicos fundamentais, inscritos profundamente na missão salvífica de Cristo, na obra da redenção, no seu ensino"[2].

Num primeiro momento não queremos elaborar uma reflexão teológica sobre o tema libertação; não usaremos os recursos da assim chamada teologia da libertação; antes,

---

2. Discurso do dia 21 de fevereiro. *L'Osservatore Romano*, 22 de fevereiro de 1979, p. 1.

queremos nos apropriar de alguns pontos já assegurados no ensino oficial da Igreja. As referências são: o texto final de Medellín (1968), o Sínodo dos Bispos sobre a justiça no mundo (1971), a exortação apostólica *Evangelii Nuntiandi* (1975) de Paulo VI, o Documento de Puebla (1979), algumas intervenções do Papa João Paulo II e vários documentos de nossos bispos, nomeadamente da Conferência Nacional dos Bispos do Brasil.

Resumimos em sete pontos o ensino oficial:

a) Ponto de partida: as opressões sócio-históricas

Quem fala de libertação supõe a perversidade da opressão. Por isso se diz em Medellín: parte-se "da miséria, como fato coletivo, que é injustiça que brada aos céus" (Justiça, n. 1). Puebla dedica toda a primeira parte do documento final à análise da realidade conflitiva de nosso continente. A *Evangelii Nuntiandi* resumidamente descreve os índices da opressão: "carestia, doenças crônicas e endêmicas, analfabetismo, pauperismo, injustiças nas relações internacionais e especialmente nos intercâmbios comerciais, situações de neocolonialismo econômico e cultural, por vezes tão cruel como o velho colonialismo político" (n. 30; cf. Puebla, n. 26). Puebla, carregada de indignação ética, denuncia "como o mais devastador e humilhante flagelo a situação de pobreza desumana em que vivem milhões de latino-americanos" (n. 29) e elenca, por sua vez, as infindáveis estações dessa via-sacra continental.

Os bispos reunidos em Puebla em 1979 ultrapassaram, entretanto, esse grito de ira santa. Analisam a pobreza em diversos níveis: num nível econômico-social apresenta-se como "*produto* de determinadas situações e estruturas econômicas, sociais, políticas" (n. 30; cf. 1207-1208 [grifo do autor]); portanto, a pobreza não é inocente; é culposamente produzida por distorções históricas. Num nível ético é denunciada como "situação de *injustiça* (n. 90; cf. 509; 562 [grifo do autor]); por fim, num nível profundo, somente discernível pela fé, é rejeitada porque aí se "discerne uma situação de *pecado* social (n. 28; cf. 487 [grifo do autor]). Por conseguinte, ao romper com os irmãos e as irmãs, a pobreza configura também um rompimento com Deus.

b) Opção preferencial pelos pobres: conversão do lugar social

Qual é a reação da Igreja face a essa realidade? A primeira e mais evangélica reside na opção preferencial pelos pobres. Trata-se de uma expressão de solidariedade coletiva, de um amor que não se dirige só a indivíduos, mas a toda uma classe social oprimida; solidarizar-se e identificar-se com esses zeros econômicos e sociais constitui uma exigência de salvação, segundo os critérios do juízo escatológico (cf. Mt 25,31-46). Essa opção equivale a uma verdadeira *conversão*. Puebla o reconhece explicitamente: "Esta opção, exigida pela escandalosa realidade dos desequilíbrios econômicos da América Latina, deve levar a estabelecer uma convivência humana digna e a construir uma sociedade justa e livre" (n. 1.154; cf. 1.134).

Conversão, em seu significado socioteológico, significa uma troca de lugar social. Vale dizer: a Igreja se propõe a anunciar o Evangelho a partir do lugar, das angústias e das esperanças dos pobres; a partir de seus reclamos de justiça e dignidade proclama a boa-nova a todas as demais classes sociais; em sua prática pastoral se organiza de tal forma que atenda preferencialmente os pobres e valorize seu potencial evangelizador e libertador (cf. Puebla, n. 1.147). Não se trata de uma exclusão dos demais; por isso, se diz opção *preferencial*; mas se toma consciência da urgência de uma definição a partir de onde se deve construir e atuar a Igreja: a partir daqueles que foram os privilegiados de Jesus histórico, os pobres. Estes não são fatalmente pobres, mas foram reduzidos violentamente a essa condição que Deus não quer porque corporifica injustiça e violência contra a dignidade da pessoa humana. Pobres equivale, então, a empobrecidos e injustiçados; eles são chamados por Jesus de bem-aventurados porque o reino que é de justiça começa primeiramente a realizar-se neles e por eles (cf. Lc 6,20; Puebla, n. 1.142). Optar pelos pobres implica optar pela justiça social e colaborar na construção de uma sociedade digna e livre (cf. Puebla, n. 1.154-1.156).

Os memoráveis documentos de nossos bispos brasileiros *Ouvi os clamores do meu povo* (1973), *Marginalização de um povo*: grito das Igrejas (1974), *Não oprimas teu irmão* (1974), *Comunicação pastoral ao povo de Deus* (1976), *Exigências cristãs de uma ordem política* (1977) e por fim *A Igreja e os problemas da terra* (1980) só foram possíveis sob a condição de uma prévia opção preferencial pelo povo e pelos pobres e contra sua pobreza[3].

Paulo VI, na *Evangelica Testificatio* (1972), pediu aos religiosos e religiosas que confrontassem o clamor dos pobres com o voto de pobreza: "Este clamor vos obriga a despertar as consciências para o drama da miséria e para as exi-

---

3. Cf. SOUZA LIMA. L.G. *Evolução política dos católicos e da Igreja no Brasil*. Petrópolis: Vozes, 1979, onde se dão os grandes momentos do compromisso dos cristãos com as classes populares.

gências de justiça social do Evangelho e da Igreja" (n. 18; cf. Puebla, n. 769). A pobreza religiosa em nosso continente se expressa especialmente pela solidariedade e identificação com a situação dos pobres (cf. Puebla, n. 733-735).

c) Compromisso com a libertação integral

Somente opta de fato pelos pobres quem se compromete a lutar contra a pobreza e em favor da promoção da justiça. A libertação configura a terapia à miséria e à opressão; não se trata de uma metáfora, mas de um processo histórico no qual os empobrecidos vão reconquistando sua liberdade e dignidade. Reconhece-o o Sínodo dos Bispos em 1971: "Nasce nos grupos humanos e nos próprios povos uma consciência nova que os sacode contra a resignação ao fatalismo e os impele a procurar a sua libertação e a assumir a responsabilidade de seu destino" (n. 4). Puebla fez dessa exigência de libertação um tema-eixo de toda exposição acerca da evangelização no presente e no futuro do continente. Aí se diz que a libertação "faz parte da própria essência da evangelização" (n. 480); constitui *dever* da Igreja anunciá-la (cf. n. 479). Essa libertação se apoia sobre dois polos complementários, desenvolvidos com certo detalhe no documento final de Puebla: "libertação *de* todas as servidões [...] e libertação *para* o crescimento progressivo no ser" (n. 482 [grifo do autor]). É uma libertação que começa na história (cf. n. 483; 193) e culmina na eternidade feliz (cf. n. 475, 141; *EN*, n. 27). Importa enfatizar seu caráter histórico como o faz Puebla: "É uma libertação que se vai realizando na história, a libertação de nossos povos e a nossa própria pessoal, e abrange as diversas dimensões da existência: o social, o político, o econômico, o cultural e o conjunto de suas relações" (n. 483), mas também não se exaure aí (n. 193) porque se projeta na eternidade.

O compromisso dos cristãos é, pois, com a libertação integral que abarca o ser humano todo e todos os homens (Puebla, n. 480). Se é integral, então, a libertação é também econômica, social, cultural e pessoal.

d) Reino de Deus e libertações históricas

O que orienta a prática cristã libertadora é a realidade do reino. Ele é o "absoluto" (EN, n. 8), a grande boa-nova de Jesus que é a presença da salvação. A salvação, explica a *Evangelii Nuntiandi*, "é libertação de tudo aquilo que oprime o ser humano e que é libertação sobretudo do pecado e do maligno, na alegria de conhecer a Deus e de ser por ele conhecido, de o ver e de se entregar a ele" (n. 9). Porque o reino é absoluto, tudo engloba, inclusive a Igreja que é seu sinal, seu instrumento, seu germen e princípio (Puebla, n. 227-228).

Qual é a relação entre o reino e as libertações históricas? Puebla, numa frase lapidar, nos dá a chave da compreensão ao dizer que "o Reino de Deus passa por realizações históricas, não se esgota nem se identifica com elas" (n. 193). As libertações históricas possuem um caráter *antecipatório* do reino, pois "a salvação [...] já tem certamente o seu começo nesta vida" (EN, n. 27); elas são *concretizações* históricas. Ao dizermos históricas, dizemos simultaneamente limitadas e sempre abertas a aperfeiçoamentos. Por isso, se, por um lado, o reino passa e atravessa as libertações concretas, ele as ultrapassa, pois é maior que o tempo e alcança a dimensão de eternidade; por isso não pode identificar-se *com elas* (cf. EN, n. 32), mas se identifica, vale dizer, ganha configuração *nelas*. Em seus *Subsídios para Puebla*, os bispos brasileiros apresentaram Jesus como libertador na medida em que "coloca gestos mediante os quais o doente, o marginalizado, as crianças e toda pessoa sob qualquer forma de abandono deixam de viver na marginalidade e passam a fazer parte de um povo" (n. 65). Ao fazer isso, Jesus aproxima o Reino de Deus e lhe dá configuração histórica. Nele se vê a unidade e a diferença entre reino de Deus e libertação concreta.

e) Reducionismos: clericalismo e secularismo

Há uma tensão que constitui um risco permanente na prática libertadora dos cristãos: ou se sublinham de tal forma as libertações históricas a ponto de se olvidar a perspectiva absoluta do reino ou se enfatiza de tal forma a transcendência do reino que as libertações históricas ficam esvaziadas.

Paulo VI nos coloca o imperativo: "A Igreja esforça-se por inserir sempre a luta cristã em favor da libertação no desígnio global da salvação, que ela própria anuncia" (*EN*, n. 38); "A Igreja relaciona, mas nunca identifica a libertação humana com a salvação em Jesus Cristo" (*EN*, n. 35). O mesmo papa nos convida a superar um duplo reducionismo, um pelo lado do religioso e outro pelo lado do político.

Importa ultrapassar tanto o secularismo quanto o clericalismo. Nas palavras do pontífice: "A missão da Igreja não pode ser reduzida a um projeto simplesmente temporal" (*EN*, n. 32). Com isso se evita toda instrumentalização do cristianismo para fins meramente intra-históricos. Por outro lado, "a Igreja não admite circunscrever a sua missão apenas ao campo religioso" (*EN*, n. 34; cf. Puebla, n. 485). Com isso se obviam o teologismo e o clericalismo.

Cumpre articular um polo com o outro: libertação histórica e concreta sim, mas além das motivações da justiça, da solidariedade, importa para o cristão inspirar-se no Evangelho; luta pela justiça social sim, mas além das razões seculares e humanitárias, o cristão deve orientar-se pela tradição cristã; compromisso com os injustiçados sim, mas orientados pelas práticas de Jesus. Com isso se quer dizer: um cristão pelo fato de ser cristão é urgido a se comprometer pela justiça e pela libertação. A fé possui uma dimensão política, não agregada, mas intrínseca (cf. Puebla, n. 515-516), pois "nossa conduta social é parte integrante de nosso seguimento de Cristo" (n. 476).

f) Razões teológicas para o valor divino das libertações históricas

A articulação da salvação com as libertações e com as antecipações do reino se baseiam em razões de ordem teológica, recordadas por vários documentos oficiais.

Primeiramente existe uma razão de ordem *antropológica* (*EN*, n. 31): o ser humano não vive no abstrato, mas dentro de condicionamentos sócio-históricos que também devem ser evangelizados e libertados com ele. Daí ser todo esforço de promoção humana e de justiça a maneira de configurar dentro da história o Reino de Deus.

Existem razões de ordem *teológica* (cf. *EN*, n. 31): vigora uma unidade na história da salvação e no desígnio de Deus porquanto "existe uma só vocação última do ser humano, isto é, a divina" (*GS*, n. 22); por conseguinte a criação e a libertação de opressões históricas estão incluídas no único plano salvador do Pai.

Existem ainda razões de ordem *ética:* "O amor implica uma absoluta exigência de justiça que consiste no reconhecimento da dignidade e dos direitos do próximo" (Sínodo de 1971, n. 34). Sem o amor que se faz prática de justiça não há salvação possível (cf. Puebla, n. 515).

Existem também razões de ordem *escatológica*: o fim bom da criação (reino) não se dá apenas no termo de nossa história, mas já começa aqui na terra (cf. *EN*, n. 27; Puebla, n. 483). Daí que "os bons frutos da natureza e do nosso trabalho, nós os encontraremos novamente, limpos contudo de toda impureza, iluminados e transfigurados, quando Cristo entregar ao Pai o reino" (*GS*, n. 39; Medellín).

Por fim há razões de ordem *evangélica*: evangelizar e libertar os pobres é um signo messiânico e um sacramento de que o reino foi aproximado e começa a vigorar a justiça de Deus (cf. Lc 4,17-21; Puebla, n. 488; Sínodo de 1971, n. 31). O Evangelho se apresentou ao mundo como uma mensagem de libertação e Jesus, anunciador do reino, concretizou-o libertando verdadeiramente os atribulados da vida.

Essas e outras razões sustentam o compromisso libertador dos cristãos como realização de sua própria fé, da fidelidade a Deus e da salvação eterna.

g) Urgência de uma evangelização libertadora

Dada a degradação de quase todas as formas de vida social que afetam o povo, a Igreja sente a urgência de que toda a sua atividade evangelizadora seja caracterizada pela dimensão de libertação: "Temos razões gravíssimas para urgir a evangelização libertadora, não só porque é necessário recordar o pecado individual e social, mas também porque, de Medellín para cá, a situação se agravou na maioria de nossos países" (Puebla, n. 487). Todas as instâncias dentro da Igreja devem definir-se de forma libertadora: a liturgia deve levar a um compromisso de libertação (cf. n. 972); a educação deve se orientar por Jesus Cristo libertador (cf. n. 1031); os carismáticos são convidados a um compromisso social (cf. n. 958); os bispos, os religiosos e os leigos devem agir de forma libertadora. Numa fórmula que tudo resume se diz: "O melhor serviço do irmão é a evangelização que o dispõe a realizar-se como filho e filha de Deus, o liberta das injustiças e o promove integralmente" (n. 1145). Nisso fundamentalmente consiste a libertação integral buscada pelos cristãos, conteúdo do anúncio e das práticas pastorais da Igreja nos dias de hoje.

3. Teologia da libertação: crítica e animação de práticas

A doutrina oficial do Magistério acerca da libertação só foi possível porque previamente a ela havia práticas libertadoras de cristãos, por um lado, e uma séria reflexão teológica sobre tais práticas, por outro. Uma coisa é a temática da libertação e a própria libertação histórica, outra coisa é a *teologia* da libertação[4]. Esta é sempre palavra segunda e derivada da primeira. Trata-se do momento de reflexão da práxis libertadora; por isso, introduz-se necessariamente uma ruptura e um distanciamento da prática, mas para o bem da própria prática. A função da teologia da libertação se realiza como iluminação e animação da prática de libertação. Essa é a tarefa primordial da própria teologia que deve propiciar criatividade e fecundidade ao compromisso cristão

---

4. Para uma visão orientativa, cf.: BOFF, L. & BOFF, C. *Da libertação –* O teológico das libertações sócio-históricas. Petrópolis: Vozes, 1979. • GARCIA RUBIO, A. *Teologia da libertarão: política ou profetismo.* São Paulo: Loyola, 1977.

de transformar a realidade conflitiva. Outra razão não possui a teologia da libertação.

Não cabe aqui oferecer as grandes articulações dessa teologia, os passos teóricos de sua construção e as mediações de que se serve para vertebrar o discurso da fé com o discurso da sociedade, o tema da salvação escatológica com aquela das libertações históricas. Tal diligência já foi feita pelos teólogos latino-americanos com seriedade e sentido do alcance e dos limites desse tipo de reflexão. Queremos dar os dois *ductus* (movimentos principais) desse tipo de teologia.

Antes, entretanto, conviria deixar clara sua legitimidade contra tantas suspeitas que se têm levantado sobre essa teologia, tipicamente latino-americana com ressonâncias na África, na Ásia e em muitos grupos do Primeiro Mundo. Sabemos que os bispos em Puebla evitaram de se pronunciar diretamente acerca dela, para não exacerbar os ânimos já divididos. Contentaram-se com uma palavra geral de ânimo à reflexão das situações conflitantes à luz da Palavra de Deus (cf. n. 470; 360). João Paulo II foi mais corajoso; na audiência de 21 de fevereiro de 1979 abordou a questão da teologia da libertação e não apenas da temática da libertação como o fez Puebla. O papa se pronunciou positivamente com as seguintes palavras:

> A teologia da libertação vem frequentemente associada à América Latina (às vezes de forma demasiadamente exclusiva); precisa-se dar razão a um dos grandes teólogos contemporâneos (Hans Urs von Balthasar) que justamente exige uma teologia da libertação de dimensão universal. Somente os contextos são diferentes, mas a realidade mesma da liberdade "para a qual Cristo nos libertou" (cf. Gl 5,1) é univer-

sal. A tarefa da teologia é encontrar o seu verdadeiro significado nos diversos contextos concretos, históricos e contemporâneos[5].

Em seguida insiste em que esse tema da libertação "deve ser reassumido no ensino da Igreja, na teologia e na pastoral"[6].

Não se necessitam de palavras mais claras para garantir a legitimidade da teologia da libertação pela mais alta instância magisterial da Igreja.

Os dois movimentos principais da teologia da libertação arrancam de uma mesma *indignação ética*: o rechaço a uma situação social que representa o pecado da injustiça, da opressão e da desumanização de milhões de nossos irmãos e irmãs. Há dois modos de se trabalhar essa experiência espiritual em contato com os empobrecidos e sua miséria: uma que parte da revelação e vai ao encontro da realidade conflitante, e outra que parte da realidade conflitante e interroga a revelação. Analisemos, brevemente, essas duas posturas, ambas buscando a libertação dos empobrecidos.

a) A teologia da libertação que parte de Deus

Os textos fundadores da fé cristã possuem uma tônica básica de libertação; não se trata de um tema entre outros, mas de um fio condutor da própria autocomunicação de Deus que é libertadora de todas as amarras e plenificadora da existência.

---

5. Discurso do dia 21 de fevereiro. *L'Osservatore Romano*, 22 de fevereiro de 1979, p. 1-2.
6. Ibid.

A própria categoria básica – *fé* – apresenta-se profundamente libertadora. Ela não expressa apenas um encontro e adesão a Deus e à vontade divina revelada; para ser salvífica e por isso verdadeira, a fé tem que se fazer prática de amor e solidariedade, especialmente para com os mais necessitados, porquanto "a fé sem obras é morta" (Tg 2,26).

O *Deus* bíblico revela-se como um Deus ético que abomina toda iniquidade e ama a justiça como seu verdadeiro culto (cf. Is 1,17); trata-se de um Deus santo, vale dizer, transcendente e habitando numa luz inacessível. Mas é um Deus que pode dizer: "Eu ouvi os clamores do meu povo [...]. Conheço, pois, a sua dor. [...] Estou decidido a libertá-lo" (Ex 3,7-8). Se o Deus de nossa fé não nos empurra para a libertação das injustiças e opressões, não é o Deus dos nossos Pais, mas um ídolo religioso qualquer.

Jesus Cristo irrompeu com uma mensagem de total libertação – Reino de Deus – e por práticas consequentes historificou o reino, libertando do pecado, da enfermidade, do desconsolo, da marginalização. Privilegiou os pobres (cf. Lc 6,20) e as relações de amor sobre aquelas da lei. O mistério pascal da morte e da ressurreição revelam a plena libertação para uma plenitude insondável dentro do novo céu e da nova terra. O seguimento de Jesus, característica principal dos cristãos, implica um comungar com sua vida e práticas e um compartilhar com seu destino de cruz.

Poderíamos passar assim os grandes temas das Escrituras, da Tradição, da teologia e desentranhar o momento de libertação presente dentro deles. Não se trata de agregar-lhes algo de fora, mas de identificar essa dimensão intrínseca à reserva simbólica de nossa própria fé. O documento *A Igreja e o problema da terra* (1980), da CNBB, na parte da fundamentação doutrinal (cf. n. 56-81) utiliza exatamente esta metodologia: mostra como a partir das Escrituras, dos textos dos padres, da teologia clássica, das encíclicas e da razão teológica se deriva o caráter social da terra e de toda a propriedade.

b) A teologia da libertação que parte da vida

O outro modo de trabalhar a contradição da injustiça social consiste na análise dos mecanismos que a geram. Antes de recorrer às fontes libertadoras da fé, recorre-se a um esforço analítico[7]. A análise não é neutra nem pode ser. É conduzida no interesse ético e humanitário da libertação dos oprimidos. Toda análise, por isso, pressupõe uma opção prévia que, no nosso caso, é, a um tempo, ética, política e evangélica.

A opção é pelos empobrecidos e por sua força histórica, capaz de construir uma sociedade menos iníqua. A análise é operada mediante ferramentas teóricas (mediações e conceitos) que visam desocultar as estruturas de funcionamento da sociedade, geralmente escondidas à mera *empiria* (análise à primeira vista). Não é qualquer método que a teologia da libertação pode utilizar: escolhe aquele que melhor identifica os mecanismos de exploração e injustiça; em seguida, aquele que não apenas analisa, mas também ajuda a elaborar uma alternativa mais humana de convivência social.

Essa operação, geralmente difícil porque exige utilização dos recursos da sociologia, politologia, economia, psi-

---

7. A obra fundamental que discute as mediações para esse tipo de teologia é de BOFF, C. *Teologia e prática* – A teologia do político e suas mediações. Petrópolis: Vozes, 1978.

cologia social, antropologia cultural e análises filosóficas, está sempre a serviço da fé e da vontade de compromisso libertador dos cristãos. É mera mediação, tijolo na construção do edifício da libertação integral dos oprimidos, iluminados e animados pela fé cristã.

Feita essa diligência, lê-se com os óculos teológicos a realidade descodificada. Aí então essa teologia se entronca com a primeira modalidade: interroga as fontes da fé (Sagrada Escritura e Tradição) e enfatiza aqueles pontos da totalidade da revelação que são relevantes para a situação presente. Não se trata de reduzir a fé às dimensões de nossos problemas; abraça-se toda a comunicação divina assim como foi entregue a nós pela mediação dos apóstolos; mas enfatizam-se aqueles aspectos e dimensões que são exigidos por nossa situação angustiante, atendendo o mandato do Senhor: "Todo teólogo, instruído na doutrina do Reino de Deus, deve ser como o dono de casa que de seu tesouro tira o novo e o velho" (Mt 13,52).

Todo esse esforço culmina na determinação de práticas pastorais ou de compromissos, visando ajudar na libertação dos pobres. A teologia da libertação não tem a última palavra, como não tem a primeira; a primeira palavra é uma prática de solidariedade e de libertação; a última é esta mesma prática, agora mais lúcida, comprometida e eficaz por causa da contribuição da reflexão teológica.

4. Contribuição da vida religiosa ao processo de libertação

Da própria natureza da vida religiosa decorre seu engajamento com a promoção da justiça ao lado dos pobres. Sobre isso fizeram-se reflexões bem fundadas por nossa teologia que penetrou nos organismos que articulam a vida religiosa como a Conferência Latino-Americana de Religiosos ou a Conferência dos Religiosos do Brasil[8] e que foi, em substância, recolhido no capítulo sobre a vida consagrada do documento final de Puebla (cf. n. 721-776). Baste-nos indicar tão somente alguns itens:

- A *experiência de Deus* como fonte da mística de libertação: a concentração na experiência de Deus constitui a pilastra-base da vida religiosa. O Deus da experiência bíblica é o Deus do reino que começa a ser realizado pelos pobres e sedentos de justiça; esse reino se constrói em oposição a este mundo e por isso é conflitivo; no conflito Deus sempre toma partido pelo fraco e não permanece indiferente face ao sofrimento.

- O *seguimento de Jesus Cristo* encerra comunhão com o modo de vida de Jesus, com seu estilo de relacionar-se com Deus Pai, com sua mensagem de libertação e com sua preferência pelos pequenos; engloba, ademais, uma mística de cruz suportada como consequência pelo compromisso por um mundo mais fraterno e justo.

- A *consagração como reserva e missão*: o membro religioso é consagrado para Deus (reserva-se a ele) e consagrado por Deus (enviado por ele). Enquanto é consa-

---

8. CLAR. "Vida religiosa e compromisso sociopolítico". *SEDOC* 8, 1976, p. 851-879. • Equipo-teólogos-CLAR. *Pueblo de Dios y comunidad libertadora.* CLAR 33, Bogotá, 1977. • Equipo-teólogos-CLAR. *Tendencias proféticas de la vida religiosa en América Latina.* CLAR 24, Bogotá, 1976. • CARVALHO AZEVEDO, M. *Os religiosos: vocação e missão.* Rio de Janeiro: [s.e.], 1979. • VV.AA. *Puebla: desafio à vida religiosa.* CRB, Rio de Janeiro: [s.e.], 1979. • BOFF, L. *Testigos de Dios en el corazón del mundo.* Madri: [s.e.], 1977, p. 265-331.

grado por Deus, deve representar junto aos homens e às mulheres os bens do Reino de Deus e viver das promessas que fez em Jesus Cristo que encerram a construção de um mundo que seja verdadeiramente antecipação do futuro.

• O *caráter público dos votos*: a consagração total a Deus se detalha para as várias dimensões da vida humana; importa enfatizar o aspecto crítico e público que os votos contêm como solidariedade com os pobres (pobreza), como doação irrestrita a Deus e aos irmãos (castidade) e como obediência ao projeto do reino realizado numa fraternidade inserida no mundo (obediência).

• A *fraternidade e comunidade*: os religiosos e religiosas não devem viver uma totalização *ad intra*, mas abertos ao meio em que estão encarnados, caminhando junto com o povo, na Igreja local, sendo testemunhas daquela fraternidade e comunidade que se quer construir na grande sociedade.

Além desses temas-eixo sobre os quais há abundante meditação teológica acumulada, queremos relevar três outros pontos:

a) Contemplativos na libertação

Mais e mais a vida religiosa se desloca do centro para a periferia e religiosos e religiosas caminham junto do povo, seja como agentes de pastoral em comunidades populares, seja vivendo diretamente em meios pobres. Nessas circunstâncias pode haver um profundo compromisso pela justiça e pela libertação a partir do próprio trabalho pastoral. Nesse empenho importa que o religioso ou a religiosa não perca sua identidade religiosa; antes, pelo contrário, que atue a partir de seu carisma religioso, que no meio da luta, dos trabalhos, dos grupos de reflexão, nos passos táticos a dar, apareça sempre aquela dimensão última, dimensão de Deus da qual vive e para a qual se consagrou. Em outros termos: todos os passos, as conquistas, as derrotas, os vários processos que estão implicados na libertação (conscientização, organização de grupos, ação solidária buscando a justiça e o direito) devem poder ser entendidos, vividos e celebrados como momentos de realização do Reino de Deus. Aqui se faz mister superar uma visão meramente profana, estratégica e tática da prática libertária; é necessário manter a dimensão teológica que nos permite discernir dentro do processo o advento do Reino de Deus, estimular nosso empenho a serviço da causa de Deus nas causas dos irmãos e das irmãs e nos fazer mais santos. Daí cumpre-nos ser contemplativos na libertação[9].

Isso não se realiza com apenas dizê-lo. Importa criar e alimentar o húmus que continuamente mantém viva essa perspectiva teológica que nos possibilita ser contemplativos na libertação. Esse húmus é a fé, a oração, a meditação e a celebração. Mas importante mesmo é nossa capacidade de recriar estas duas realidades básicas – fé e oração – dentro do próprio processo de comprometimento. Elas não são feitas e definidas uma vez por todas; não são conceitos que uma inteligente teologia estabelece para todo o sempre. Precisam fazer-se vida e aí entrar em osmose com a realidade; no nosso caso, com a miséria e a injustiça dos oprimidos.

Fé, mais que uma adesão a um credo (é também isso, mas não primordialmente), consiste numa entrega de todo

---

9. Cf. o número inteiro da *REB* dedicado à espiritualidade de libertação e de encarnação: 39, 1979, p. 563-643.

ser e fazer a Deus como o supremo sentido de nosso caminhar. O desafio para a fé hoje consiste em sua articulação com a libertação social e política dos pobres. A grande tradição teológica, os místicos e os homens espirituais detalharam até à minúcia as formas da fé como libertação pessoal, passando pela noite dos sentidos e pela noite do espírito (São João da Cruz na esteira de São Gregório de Nissa e de Dionísio Pseudo-Areopagita) até finalmente irromper no cume do Monte Carmelo[10].

O repto que se nos apresenta consiste na relação entre fé e libertação política, social, econômica – numa palavra, integral. O social possui outras estruturas e demanda outras estratégias e táticas para a sua libertação. Para nós hoje o social só se deixa descodificar mediante o instrumental analítico; essa tarefa comporta exigências árduas para a racionalidade. Podemos usar a metáfora de São João da Cruz que fala da *"noite dos sentidos*, amarga e terrível"[11]. Não nos é dado ver Deus agindo epifanicamente na história. Somos obrigados a detectar mecanismos estruturais que geram injustiças; para isso precisamos romper com o sentido meramente empírico dos fatos; importa que entremos, efetivamente, na noite dos sentidos, que para o místico João da Cruz possui uma função purificadora[12] porque nos abre para apreender a realidade assim como ela é e não como a imaginamos[13].

---

10. Cf. PENIDO, M.T.L. *O itinerário místico de São João da Cruz.* Petrópolis: Vozes, 1949, p. 107-152.

11. SÃO JOÃO DA CRUZ. Noite escura. In: *Obras completas*, vol. 1. Petrópolis: Vozes, 1960. Cap. VII, p. 308.

12. Idem, cap. XI, p. 317; cap. XII, p. 319.

13. Idem, cap. XII, p. 321.

Após termos visto a realidade em sua profundidade, faz-se mister o planejamento, o estabelecimento das prioridades, o trabalho paciente de educação e conscientização e as práticas consequentes. Todas essas atividades possuem a sua autonomia. Como assumi-las dentro de uma visão de fé? Somente é possível quando a fé deixa de ser uma região da realidade e começa a significar o compromisso último de nosso coração com Deus e com seus filhos e filhas, especialmente com os mais empobrecidos.

Crer aqui é sumamente exigente, porque implica crer sem ver, amar o invisível de uma libertação que tarda em despontar, perseverar apesar de todas as derrotas que as causas dos pobres têm de aceitar. Deus emerge como ausente nas injustiças e, ao mesmo tempo, exigindo uma justiça a ser feita aos oprimidos. Ele permanece silencioso face à larga marcha que emperra a todo o momento por causa da vitória dos dominadores. Então a linguagem dos salmos ganha nova atualidade: "Meu Deus, salva-me, pois a água me chega ao pescoço; estou afundando no lodo profundo e não encontro pé; [...] estou esgotado de tanto gritar e tenho rouca a garganta" (Sl 69,2-3.4).

Em situações assim devem o religioso e a religiosa manter o *cantus firmus* da fé viva e alimentar a memória permanente de que o reino, apesar de tudo, nos está chegando, e nós estamos servindo ao seu desígnio.

A oração revela novas exigências: vem materializada de ação, recolhendo a matéria da vida e da comunidade para ser oferenda a Deus. Jesus nos mostra a unidade entre o compromisso com os homens e o compromisso com Deus. Passou pelo mundo fazendo o bem e atendendo especialmente os oprimidos de toda sorte de enfermidade (cf. At 10,38); entretanto, recolhia-se para estar com seu Pai. A força de sua fidelidade ao povo nascia de sua fidelidade ao Pai. A libertação dos oprimidos não necessita "libertar-se" de Deus; pelo contrário, é nele que encontra o vigor do empenho, porque descobre um Deus que é justiça, amor e comunhão, pai e padrinho dos pobres e excluídos. Assim os religiosos e as religiosas devem ser, no seio mesmo de seu compromisso com a libertação de seu povo, um signo da oração de Jesus e do dom que é a libertação. Rezam entre angústias e lágrimas como fez Jesus (cf. Hb 5,7) por causa da situação que persiste no mundo e atravessa também nosso coração[14]. Importa orar dentro da noite escura dos sentidos, ancorados em Jesus mesmo que percorreu a mesma senda.

b) Espiritualidade do conflito

A constatação de níveis eticamente insuportáveis de injustiça em nosso continente implica afirmarmos a presença de um grave conflito social. É importante reconhecer o fato de que existe uma real (não projetada) luta de classes. Vivemos, infelizmente, numa sociedade de classes, cada qual com interesses antagônicos: há os que têm interesses em acumular bens materiais de forma individual e outros que postulam uma socialização dos meios de produção (economia), dos meios de poder (política democrática) e dos meios de saber (cultura) como resultado de um processo histórico capaz de aliviar os antagonismos presentes em toda convivência social.

Pela opção preferencial pelos pobres, os cristãos decidiram tomar posição nesse conflito, do lado dos despotencia-

---

14. Cf. PICO, J.H. "A oração nos processos latino-americanos de libertação". *REB 39, 1979*, p. 581-598, esp. 596.

dos e fracos socialmente. Não podemos negar o conflito; há que assumi-lo e deixá-lo aflorar na consciência de todos como um dado face ao qual não há neutralidade. Todos estão dentro da conflitividade; o Evangelho nos ajuda a escolher bem o lado e nos ensina a estabelecer regras neste conflito, como podemos discerni-las das atitudes do Jesus histórico.

Uma vez conscientizado o fato e decidido o lado, faz-se necessário mostrar a compatibilidade entre vida religiosa e conflito social e articular uma espiritualidade do conflito. Não é aqui o lugar de detalharmos essas exigências que demandariam um tratamento específico. Baste-nos apontar para a direção que estimamos certa. Assume-se o conflito porque é, em nossa sociedade de classes, inevitável. Apresenta-se como uma necessidade política e também ética; mas essa necessidade vem informada por uma intenção de amor, de paz e de reconciliação. A paz e a reconciliação social só é possível e historicamente efetiva caso sejam superadas as causas objetivas que continuamente distilam conflitos: as relações desiguais e injustas entre capital e trabalho, entre patrões e operários, entre capital nacional e capital globalizado. Aqui há uma luta da qual não se pode escapar[15].

O que se há de pedir são regras para essa luta; que não provoque o desbordo dos ódios e das vinganças; que não personalize os conflitos, pois são estruturais, e as pessoas, geralmente, de forma coercitiva, são vítimas delas; que haja paciência histórica para um processo que faça superar os contendores porque se superaram as causas que os separa-

---

15. Cf. LA VALLE, R. *Fora de campo* – A fidelidade à carne e ao sangue do homem, ao abrigo e na expectativa de Deus. Rio de Janeiro: Civ. Brasileira, 1980, p. 74-83.

vam. O conflito é compatível com o amor cristão, como o mostrou Jesus Cristo que viveu forte conflitividade com os vários agentes religiosos de seu tempo (fariseus, saduceus, herodianos, escribas, etc.). Não apesar do conflito, mas nele amou, compreendeu, perdoou, criticou, defendeu os fracos, sacrificou-se e soube entregar a sua vida como sacrifício e gesto extremo de solidariedade para com os inimigos.

Na prática, acolher conscientemente a luta e os conflitos sociais significa lutar para que as grandes maiorias sejam respeitadas em sua dignidade; implica empenhar-se pela justiça social, pela maior participação dos marginalizados, contra a mera mercantilização da força de trabalho, contra a corrupção da coisa pública e contra as formas de dominação da classe dominante sempre excludente e elitista; sair em defesa dos índios, dos posseiros expulsos de suas terras e solidarizar-se com as lutas populares pela melhoria da qualidade de vida e de trabalho. Para fazerem tudo isso com certa consistência é preciso que o religioso e a religiosa se façam um juízo histórico e político sobre todas essas realidades e com esse nível de consciência exerçam e vivam sua opção preferencial pelos pobres, seu ser-para-os-outros e scu amor social, como imperativo de serviço aos irmãos e às irmãs e do seguimento de Jesus. E aqui se percebe que haverá sempre opositores e até inimigos que devem ser evangelicamente amados.

Comprometer-se com a libertação dos oprimidos não é um piquenique, não é uma distração de fim de semana, não é um ramalhete de rosas; mas é tarefa espinhosa, que, caso quiser manter-se num nível evangélico e digno do carisma religioso, precisa fazer-se acolitar com ascese e verdadeira espiritualidade do conflito; cumpre viver sem amargura e recalques, ser suficientemente maduro para relativizar a própria posição, superar todo espírito de superioridade como quem possui a chave para os melhores caminhos, não se escandalizar quando outros não fizeram a mesma opção, respeitar as decisões diversas dos outros, saber acolher os distintos ritmos e níveis de consciência dentro da própria comunidade religiosa, não romper a comunhão com a fraternidade e a Igreja porque, o que definitivamente importa não são as posições, mas que todos possam crescer e ajudar na gestação de uma convivência mais humana e honesta.

Tudo aquilo que Paulo diz da caridade vale aqui também em sua dimensão social e política: "É paciente, não é invejosa, não se ensoberbece, não é interesseira, não se irrita, não guarda rancor, não se alegra com a injustiça, mas se compraz com a verdade" (1Cor 13,4-6).

e) A bem-aventurança das perseguições

Em estreita conexão com os dois temas anteriores se encontra o tema da bem-aventurança das perseguições[16]. A opção preferencial pelos pobres, contra a pobreza, a troca de lugar social e a conscientização do conflito dão origem a muitas incompreensões na sociedade, na Igreja e nas próprias comunidades religiosas. As classes dominantes – é forçoso dizê-lo – não perdoam à Igreja e à vida religiosa o fato de que elas querem, a partir do Vaticano II e de Medellín, servir preferencialmente os interesses das classes subalternas e fazer corpo com suas lutas que, normalmente, são lutas dirigidas contra os privilégios das classes hegemônicas. Difamam a vida religiosa de ela ter-se desviado de sua mis-

---

16. LESBAUPIN, I. A bem-aventurança da perseguição. Petrópolis: Vozes, 1976.

são espiritual e de haver-se imiscuído em política. Distorcem o sentido dos trabalhos junto ao povo e mal-interpretam as intenções; podem chegar à perseguição e existem casos de verdadeiros martírios em defesa da justiça dos fracos e do direito dos pobres.

Precisamos entender que um signo inconfundível da verdade da causa é o fato da perseguição. Aqui há uma indicação evangélica, presente no cerne do próprio anúncio de Jesus: "Felizes os perseguidos por causa da justiça [...]! Felizes sereis quando vos insultarem e perseguirem e, por minha causa, mentirem, dizendo contra vós todo o mal" (Mt 5,10.11). Essas marcas da paixão devem ser assumidas como pertencendo ao próprio compromisso evangélico. Não nos devem escandalizar nem assustar. O Senhor passou também ele por essa *noche escura* e teve que amar e perdoar para além de qualquer retribuição. É nesse contexto que ganha relevância a fé na ressurreição. Pela ressurreição não celebramos apenas o triunfo da vida, mas a vitória de um vencido e de um fraco que herdou a plenitude de sentido da história em Deus. O poder pode ter todos os instrumentos em suas mãos, que lhe garantem a perpetuidade: a polícia política, o dinheiro, os meios de comunicação, as prisões, as torturas e também aqueles que, em nome de Deus – que com certeza não é o Deus de Jesus Cristo –, o legitimam; mas o que o poder não possui nem pode controlar é o veredicto último sobre cada luta travada pelos pobres. Esse juízo derradeiro já foi pronunciado no dia da ressurreição. Ela, a ressurreição, adquire seu pleno sentido quando é contemplada no transfundo da violência da paixão de Jesus e da paixão que se perpetua nos pobres e nos últimos de toda história. Testemunhar essa vitória final da justiça que é vitória do reino, viver dessa secreta alegria em meio às aflições deste éon, eis um desafio e uma missão da vida religiosa. Essa ressurreição é a permanente fonte e certeza da verdadeira libertação, daquela que resulta em mais comunhão e participação.

III
Mística e política: contemplativos na libertação

O que caracterizou, nos últimos decênios do século XX, a vida eclesial latino-americana foi uma crescente tomada de consciência da responsabilidade da fé nas mudanças sociais que propiciam mais justiça e participação das grandes maiorias pobres de nossos países. À luz da fé e em solidariedade evangélica com os mais necessitados, grupos de Igreja cada vez mais numerosos e significativos, até episcopados inteiros, procuraram viver e ensinar a fé cristã de tal forma que seja de fato um motor de libertação integral do ser humano. Assim, no seio das comunidades cristãs se acha em marcha vasto e bem-articulado processo de libertação que nasce da unidade fé-vida. Junto com isso, tem-se elaborado o correspondente discurso crítico, denominado teologia da libertação ou teologia feita nos interesses da libertação integral, especialmente dos mais oprimidos da sociedade.

1. O choque espiritual: o encontro com Deus na classe pobre

O que, entretanto, sustenta a prática e a teoria (teologia) libertadora é uma experiência espiritual de encontro com o Senhor nos pobres. Por trás de toda prática inovadora na Igreja, na raiz de toda teologia verdadeira e nova se esconde, latente, uma experiência espiritual típica. Essa constitui a palavra-fonte: tudo o mais provém dessa experiência totalizadora, é esforço de tradução nos marcos de uma realidade historicamente determinada. Só a partir desse pressuposto se podem entender as grandes sínteses dos teólogos do passado, como Santo Agostinho, Santo Anselmo, Santo Tomás, São Boaventura, Suárez, e do presente, como Rahner, Teilhard de Chardin, Moltmann e outros mestres do Espírito.

Toda experiência espiritual significa um encontro com um rosto novo e desafiador de Deus, que emerge dos grandes desafios da realidade histórica. Grandes mudanças sócio-históricas carregam no seio um sentido último, uma exigência suprema que os espíritos religiosos detectam como proveniente do mistério de Deus. Deus só possui sentido quando, de fato, aflora como o radicalmente importante de uma realidade dada em suas sombras e luzes. Desse modo, Deus não surge meramente como categoria definida dentro do marco religioso, e sim como acontecimento de sentido, de esperança, de futuro absoluto para o ser humano e sua história. Essa situação propicia uma experiência própria e típica do mistério de Deus.

O que acentuamos acima significa o momento subjetivo da experiência. Mas podemos enunciar o mesmo dentro de uma linguagem estritamente teológica. Dizemos então que Deus, em sua vontade de autocomunicação, se revela concretamente na história. O ser humano capta um rosto novo de Deus porque Deus assim se está revelando. Ele coloca seus sinais sacramentais, escolhe seus emissários, faz criar um discurso adequado e incita a práticas consequentes. E sempre haverá espíritos atentos que saberão identificar a nova voz de Deus e ser fiéis a suas interpelações.

Cremos que nos últimos anos houve irrupção vulcânica de Deus em nosso continente latino-americano: ele privilegiou os pobres como seu sacramento de autocomunicação.

Nos pobres fez ouvir suas exigências de mudanças profundas, de libertação, de solidariedade, de identificação, de justiça e de dignidade. E as Igrejas souberam ser obedientes (*ob-audire*, ser ouvintes) ao apelo de Deus. Diante do escândalo da pobreza urge agir pelos pobres contra a pobreza, em função de uma justiça para todos. Essa atuação possui nítida dimensão de libertação que nasce do coração da própria fé que comporta adesão ao Senhor presente nos pobres. Lutar com os pobres, fazer corpo com seus anseios é comungar com o Cristo pobre e viver em seu seguimento.

Essa perspectiva implica ser contemplativo na libertação – *contemplativus in liberatione* – e supõe nova forma de buscar a santidade e a união mística com Deus. O choque espiritual com a nova manifestação de Deus produziu um tipo de espiritualidade singular, comprometida com as mudanças, com a libertação concreta, em comunhão direta com os pobres. Esse choque espiritual se acha na base da teologia da libertação.

Antes de tentar uma descrição dessa espiritualidade, conviria situá-la dentro da grande tradição espiritual da Igreja e também sublinhar os pontos de sua originalidade. O grande problema, que urge esclarecer, é como ser *contemplativo na libertação;* como nas práticas pastorais e em contato com o povo viver um encontro vivo e concreto com Deus. Talvez refletindo sobre esse tema, a partir do pano de fundo da tradição espiritual cristã, se possa identificar melhor o específico dessa espiritualidade latino-americana.

2. A diferença espiritual: a síntese oração-libertação

Certamente a formulação clássica da buscada unidade fé-vida foi elaborada pela tradição monástica, sob o lema *ora et labora*: "orar e trabalhar". Não cabe aqui fazer a trajetória histórica dessa inspiração. Basta captar sua tendência dominante, que consiste no predomínio soberano do *ora* sobre o *labora*. Essa espiritualidade toma como eixo de organização da vida espiritual o momento da oração e da contemplação, alternado com o do trabalho. A oração capitaliza o valor e se exprime mediante os sinais do campo religioso: meditação, culto litúrgico, ofício coral, exercício de devoção e toda a gama de expressões religiosas. O trabalho em si não é mediação direta a Deus; somente o é na medida em que vem banhado pelos influxos da oração e da contemplação. Ele significa a profanidade e a pura natureza; constitui o campo de expressão ética e o lugar do testemunho cujo sentido se elabora no âmbito da oração. Esta se prolonga trabalho adentro e o faz também sagrado.

A concepção de fundo implica uma espécie de "monofisitismo espiritual": a única natureza da oração resgata a profanidade criacional e natural do trabalho. Por isso, perdura um paralelismo nunca superado totalmente: de um lado, a oração; de outro, o trabalho. A partícula *e* (*et*) é índice desse bilinguismo teológico. Seja como for, essa espiritualidade encheu de oração e elevação o trabalho de muitos cristãos e povoou de sinais religiosos todos os rincões considerados profanos. O que foi muito bom.

O desenvolvimento sócio-histórico posterior caminhou na direção de uma relativa autonomia do profano e de uma cultura do trabalho. A operacionalidade e a eficiência são eixos da moderna cultura, cuja expressão acabada se acha em nossos dias sob o império da empresa científico-técnica. O lema se inverte: *labora et ora*, "trabalha e ora". Descobre-se o caráter divino e crístico da criação e do trabalho como forma de colaboração humana na ação divina. Deus não nos deixou de presente um mundo acabado, mas quis associar-nos à sua ação criadora para que o completássemos. O trabalho possui dignidade e sacralidade próprias, não por estar batizado pela oração ou pela boa intenção sobrenaturalizante, e sim por sua própria natureza criacional, inserida no projeto cristológico. O que importa é o trabalho feito em sua reta ordem, ordenado à construção da cidade terrena aberta a valores espirituais e a Deus. Especialmente o trabalho da justiça, comprometido com os pobres, realiza o que toda oração procura: o serviço ao Juiz supremo que através dos pobres nos julgará (cf. Mt 25,34). A tradição é explícita quanto a isso (cf. Is 1,10-20, Jr 22,16) e Jesus se reporta diretamente a ela (cf. Mc 7,6-8). Não são as prédicas e sim as práticas que nos garantem a salvação (cf. Mt 25,31-46). A oração continua tendo seu lugar e valor, mas sua verdade se mede pela qualidade da prática verdadeira e eticamente correta que ela produz. Em sua forma mais radical, essa espiritualidade do caráter divino da matéria e do trabalho levou a um esvaziamento da oração, da expressão litúrgica e devocional. O que não foi bom.

Essa perspectiva coloca a ênfase no caráter objetivo da oração que pervade todas as esferas e não se restringe ao campo da consciência e da explicitação. Em outras palavras, a presença de Deus não se realiza automaticamente nem de forma exclusiva ali onde se fala de Deus e se culta sua memória, e sim sempre e objetivamente onde se realiza uma prática correta, de verdade e de justiça, embora não exista consciência explícita de Deus.

Mas o predomínio do trabalho sobre a oração deixa persistir novo paralelismo que pode chegar também a um "monofisitismo espiritual", agora sob a égide da categoria trabalho. A oração é outra forma de trabalho e de prática, perdendo sua especificidade como oração. Enquanto se continua falando de trabalho e oração, *labora et ora*, não se alcançou suficientemente a unidade fé-vida, ação-oração.

A síntese que urge elaborar e está em gestação na América Latina é a da oração *na* ação, *dentro* da ação e *com* a ação. Não se trata de rezar por um lado e agir pelo outro, nem de uma oração fora do compromisso concreto com a libertação dos oprimidos, e sim de rezar no processo de libertação, vivenciar um encontro com Deus *no* encontro com os irmãos e com as irmãs. Não se trata de uma novidade absoluta, porque os mestres, os santos e as santas conseguiram essa síntese, vital e concreta. É sempre o segredo de toda vida autenticamente cristã.

Na América Latina, porém, cabe-nos viver uma situação de certo modo nova, ou no mínimo com acentos bem particulares. O problema não é simplesmente a relação oração-ação, e sim oração-libertação, ou seja, oração-ação política, social, histórica, transformadora. Em sua formulação correta, a questão se coloca em termos de *mística* e *política*. Como estar comprometido radicalmente com a libertação dos oprimidos e ao mesmo tempo comprometido com a fonte de toda libertação, que é Deus? Como compaginar a paixão por Deus, característica de todo ser humano verdadeiramente religioso, com a paixão pelo povo e por sua justiça, nota distintiva de todo militante político? Essa síntese, para ser completa e consistente, deve aproveitar toda a riqueza do *ora et labora*, da oração como encontro privilegiado com o Senhor; deve aproveitar também toda a verdade presente no *labora et ora*, todo o valor religioso do trabalho e do compromisso realizador da justiça e da fraternidade.

Não se trata de fazer uma síntese verbal ou uma correta correlação dos termos. Trata-se de viver uma prática cristã que seja imbuída de oração e de compromisso, que o compromisso nasça da oração e que a oração aflore do coração do compromisso. Como alcançá-lo?

3. Paixão por Deus na paixão pelo empobrecido

A experiência da fé viva e verdadeira constrói a unidade oração-libertação. Mas deve-se entender corretamente a experiência de fé. Como o temos dito muitas vezes ao largo deste livro, a fé, em primeiro lugar, é uma forma de viver todas as coisas à luz de Deus. A fé define o *de onde* e o *para onde* de nossa existência, que é Deus e seu desígnio de amor comunicado e realizado em todas as coisas.

Para a pessoa de fé, a realidade não é, originalmente, profana ou sagrada. Ela é simplesmente sacramental: revela Deus, evoca Deus, vem embebida da divina realidade. Por isso, a experiência de fé unifica a vida, por contemplá-la sempre umbilicalmente vinculada a Deus, em sua origem, percurso e destino.

Como forma de vida, a fé viva implica uma postura contemplativa do mundo: vê e acha pegadas de Deus por todo o lado. Mas não basta que a fé seja viva; importa que seja verdadeira. E somente é verdadeira aquela fé que se faz amor, verdade e justiça. Agradam a Deus não só os que o aceitam, e sim os que constroem seu reino, que é de verdade, de amor e de justiça. Só essa fé comprometida é fé que salva, por isso, verdadeira. "A fé sem obras é inútil" (Tg 2,28). "Uma fé pura, mas sem obras, também a têm os demônios" (Tg 2,19).

A fé cristã professa que Cristo tem uma densidade sacramental nos pobres. Eles não têm só necessidades que se devem socorrer; possuem uma riqueza única e própria: são portadores privilegiados do Senhor, destinatários primeiros do reino, com potencial evangelizador de todos e da Igreja (cf. Puebla, n. 1147). O professante não tem apenas uma visão socioanalítica do pobre, desmascarando as causas que geram os mecanismos de seu empobrecimento. Supondo tudo isso, olha a classe dos empobrecidos com os olhos de fé e descobre neles o rosto sofredor do Servo de Javé. E esse olhar não se detém na contemplação, como que "usando" o pobre para se unir ao Senhor. Cristo se acha identificado com eles e grita por eles. Quer ser ouvido e servido neles. Essa situação de miséria provoca uma comoção do coração: "Eu estava com fome..." (Mt 25,35). Alguém está deveras com o Senhor, nos pobres, quando se compromete a lutar contra a pobreza que humilha o ser humano e vai contra a vontade de Deus, por ser fruto de relações de pecado e exploração. A mesma fé verdadeira implica e exige um compromisso libertador: "...e me destes de comer" (Mt 25,35). Se não empreende uma ação libertadora, não somente não ama o irmão, mas também não ama a Deus (cf. 1Jo 3,17): O amor não pode ser apenas "com palavras e de boca, mas com obras e de verdade" (1Jo 3,18).

Essa experiência espiritual confere unidade à relação fé-vida, mística-política. O problema suscitado aqui é: como manter essa unidade? Como alimentá-la diante de todas as forças de desagregação? Essa visão contemplativa e ao mesmo tempo libertadora não emerge espontaneamente; é a expressão mais significativa da fé viva e verdadeira. Mas, como dar consistência a essa fé?

Aqui emergem os dois polos: a oração e a prática. Sem embargo, a questão não é ficar na polarização ou na justaposição. Cairíamos assim de novo em algum daqueles "monofisitismos" que acima criticamos. É mister articular dialeticamente os dois polos. É necessário considerá-los como dois espaços abertos um ao outro, que se implicam mutuamente. A relação vai de um ao outro. Vejamos o polo oração.

Pela oração, o ser humano exprime o que de mais nobre e profundo existe em sua existência: pode elevar-se acima de si mesmo, transcender todas as grandezas da criação e da história, assumir uma posição "extática", travar um diálogo com o supremo Mistério e gritar: "Pai!" Com isso, não deixa para trás de si o universo, e sim o assume e o transforma em oferenda a Deus; mas se livra de todas as cadeias, denuncia todos os absolutos históricos, os relativiza e se enfrenta, sozinho e nu, com o Absoluto, para fazer com ele história. Aí descobre Deus como o Santo: com ele estamos diante do sumamente sério e definitivo. Mas, ao mesmo tempo, esse Deus assim Santo e absolutamente sério se revela como um Deus sensível aos soluços dos oprimidos. Pode dizer: "Vi a opressão de meu povo [...], ouvi suas queixas contra os opressores, demorei-me em seus sofrimentos e desci para livrá-los" (Ex 3,7-8). Portanto, o Deus que pela oração diz ao ser humano: "Vem!", na mesma oração, diz: "Vai!" O Deus que chama é o mesmo que lança o compromisso de libertação. Manda unir a paixão por Deus com a paixão pelos oprimidos. Melhor: exige que a paixão de Deus seja vivida na paixão dos irmãos e irmãs sofredores e necessitados.

A ação de serviço e de solidariedade com as lutas de libertação aflora do próprio seio da oração que atinge o coração de Deus. A oração alimenta a ótica pela qual se permite ao crente ver no pobre e em toda uma classe de explorados a presença sacramental do Senhor. Sem a oração, nascida da fé, o olhar se faz opaco e vê na superfície, não consegue descer até aquela profundeza mística na qual entra em comunhão com o Senhor presente nos condenados, humilhados e ofendidos da história.

Por outro lado, o polo da prática libertadora remete ao polo da oração como a fonte que alimenta e sustenta a força na luta e garante a identidade cristã no processo de libertação. Interessa ao cristão que a libertação seja de fato libertação e, por isso, antecipação do reino e concretização da redenção de Jesus na história. A fé e a oração permitem-lhe contemplar seu esforço, muitas vezes pouco relevante, como construção histórica do reino. A prática social tem sua densidade concreta e intramundana, mas seu significado não se esgota nessa determinação; está ancorado no coração de Deus. A fé desvela esse seu sentido transcendente e sua significação salvífica. Por isso, para alguém que compreendeu essa perspectiva, o serviço libertador constitui uma verdadeira diaconia ao Senhor, um associar-se à sua obra redentora e libertadora e uma real liturgia no Espírito.

Eis o que significa ser *contemplativus in liberatione*. A contemplação não se realiza apenas no espaço sagrado da oração, nem no recinto sacrossanto da Igreja ou do mosteiro; ela encontra seu lugar também na prática política e social, banhada, sustentada e alimentada pela fé viva e verdadeira.

É nobre apanágio da Igreja latino-americana o fato de que os bispos, os sacerdotes, os religiosos, as religiosas e os leigos mais comprometidos pelas causas dos pobres (sua justiça, direitos e dignidade) sejam também os mais comprometidos com a oração; unem em um mesmo movimento de amor e dedicação Deus e o próximo mais necessitado.

4. Características da espiritualidade de libertação

Como se poderia identificar alguns traços mais significativos dessa contemplação vivida em contexto de libertação?

a) Oração materializada de ação

A oração libertadora recolhe todo o material da vida comprometida: as lutas, os esforços coletivos, os erros e as vitórias conquistadas. Dão-se ações de graças pelos passos dados. Pede-se não tanto individualisticamente, mas em função de todo um caminhar, por aqueles que sofrem e pelos que os fazem sofrer. Na oração ressoa especialmente a conflitividade do processo de libertação; a confissão dos pecados é espontaneamente comunitária; ninguém se esconde por trás de palavras etéreas, mas abre o coração até para as coisas mais íntimas. É uma oração que reflete a libertação do coração; acusam-se especialmente as incoerências entre o professado e o vivido, a falta de solidariedade e de compromisso.

b) Oração: expressão da comunidade liberta

A oração privada tem seu valor permanente e assegurado. Mas nos grupos comprometidos a oração é essencialmente uma partilha de experiências e práticas iluminadas e criticadas à luz da fé e do Evangelho. A experiência não se limita a uma esplêndida privacidade da alma com seu Deus, mas se abre ao outro no escutar e no comunicar. Um conforta o outro; comenta os problemas do outro; ajudam-se mutuamente nos problemas revelados; não existe "vergonha" sagrada que esconda as visitas e iluminações divinas. A grande maioria tem a alma como livro aberto. Isso já revela o processo de libertação no seio da própria comunidade.

c) Liturgia como celebração da vida

A liturgia canônica conserva seu caráter vinculante e exprime a catolicidade da fé. Mas, na medida em que as comunidades unem fé e vida, mística e política, mais e mais inserem no litúrgico a celebração da vida compartilhada por todos. Nesse campo, aflora uma rica criatividade que possui dignidade e sacralidade garantidas pelo sentido apurado que o povo tem do sagrado e do nobre. Aproveitam-se símbolos significativos do grupo, fazem-se coreografias e, muitas vezes, verdadeiros autos espirituais com danças e expressões corporais próprias do povo.

d) Oração heterocrítica

A oração libertadora serve muitas vezes de exame crítico das práticas e atitudes dos participantes da comunidade. Sabem criticar-se uns aos outros (heterocríticos) sem melindres e suscetibilidades pessoais. O que importa são os critérios objetivos: o reino, o cuidado com os pobres, a solidariedade, a libertação, o respeito pelo caminhar do povo. A partir de tais realidades, confrontam-se as práticas dos agentes de pastoral. Há verdadeiras conversões e auxílios que vêm dessa sinceridade e lealdade.

e) Santidade política

A tradição cristã conhece o santo ascético, mestre de suas paixões e fiel observante das leis de Deus e da Igreja. Poucos são os santos políticos e os santos militantes. No processo de libertação, criou-se outro tipo de santidade: além de lutar contra suas próprias paixões (tarefa permanente), luta-se contra os mecanismos de exploração e de destruição da comunidade. Aí emergem virtudes difíceis, mas reais: solidariedade com os de sua classe, participação nas decisões comunitárias, lealdade para com as soluções definidas, superação do ódio contra as pessoas que são agentes de empobrecimento, capacidade de ver além dos imediatismos e de trabalhar por uma sociedade futura que ainda não se vê nem se vá talvez gozar. Esse novo tipo de ascese possui exigências próprias e renúncias, a fim de manter o coração puro e orientado pelo espírito das bem-aventuranças.

f) Coragem profética e paciência histórica

Muitos cristãos comprometidos têm a coragem, haurida da fé e da oração, de enfrentar os poderes deste mundo lutando em favor das causas do povo e de sua dignidade pisoteada. Nisso mostram a *parrhesia* (coragem) apostólica de se arriscarem a sofrer perseguições, prisões, demissões do emprego, torturas e até a eliminação física. Apesar dessa coragem evangélica, têm paciência histórica para o caminhar lento do povo, sensibilidade por seus ritmos, acostumados que estão a sofrer repressões. Têm confiança no povo, em seu valor, na sua capacidade de luta, apesar de suas limitações, equívocos e atraso intelectual. Creem vivamente na força do Espírito que age nos humildes e sofredores e na vitória de sua causa e no direito de sua luta. Essa atitude nasce de uma visão contemplativa da história, da qual somente Deus é Senhor.

g) Atitude pascal

Toda libertação tem um preço a ser pago. Não se te-mem sacrifícios, ameaças e reais situações de martírio que não deve ser incentivado, mas assumido como consequên-cia de uma dupla fidelidade ao outro e a Deus. Tudo isso se assume como parte do seguimento de Jesus.

Existe forte sentido da cruz como passo inevitável para a vitória. A ressurreição é vivida como o momento em que triunfa a justiça, em que o povo vence a luta e faz a vida mais digna de ser vivida. É a ressurreição de Jesus em mar-cha como imenso processo de libertação que ganha corpo na história. Isso é celebrado e vivido como força de presen-ça do Espírito no coração da história.

Poderíamos enumerar outras características desse tipo de oração, que se faz cada vez mais realidade nas comunida-des comprometidas na libertação dos mais necessitados. Sempre aparece a unidade de oração-ação, fé-libertação, paixão por Deus expressa na paixão pelo povo. Cada vez mais se criam novas possibilidades objetivas para a emer-gência de um novo tipo de cristão, profundamente compro-metido com a cidade terrestre (cidadania, participação nos movimentos sociais e políticos) e ao mesmo tempo com a cidade celeste (oração, comunhão com Deus, contempla-ção), convicto de que esta depende da forma como nos ti-vermos engajado naquela. O céu não é inimigo da terra; co-meça já na terra, pois não existe céu sem terra. Ambos vivem sob o arco-íris da graça e do gesto libertador de Deus em Jesus Cristo.

Isso é mais que teologia. É vida e mística de muitos cristãos no contexto dramático de nossos países e de nosso continente marcados por chagas abertas e por insepultas esperanças.

Conclusão
Do casulo à borboleta

As categorias crise, espiritualidade, consagração, política e contemplação abordadas neste livro se mostraram fecundas para enfrentarmos os desafios do tempo presente. Mais e mais fica claro que precisamos de uma nova experiência espiritual para estabelecer novos valores que fundem novo paradigma de civilização, agora planetário e válido para toda a família humana.

Toda luz que criarmos sobre tais questões é benfazeja e bem-vinda. O que mais se busca é luz, pois a travessia é longa e o túnel parece interminável.

Estamos seguros de que sairemos purificados desta crise, deixando para trás definitivamente o que nos inimizava com a natureza, destruía os laços da familiaridade entre os povos e nos distanciava de Deus. Haverá um preço para esse salto de qualidade. Sem uma ruptura instauradora, o novo não nasce nem conseguirá fazer seu curso. Se o casulo não se romper, não haverá crisálida que se transforma em borboleta, como expressão irradiante e bela da vida.

Só os que acumularam energia, souberam ver claro e criaram estrelas-guias se sentirão livres como quem saiu, acrisolado, de uma grave crise. E plasmarão o novo. Destes

carecemos muitos. Para que se multipliquem e se fortale-
çam é que foram escritas estas páginas, imbuídas de esperança no novo alvorecer da humanidade, mais sensível,
mais espiritual, mais singelamente humana.

🌸 Livros de Leonardo Boff

1 – *O Evangelho do Cristo Cósmico*. Petrópolis: Vozes, 1971 [Esgotado – Reeditado pela Record (Rio de Janeiro), 2008].

2 – *Jesus Cristo libertador*. 21. ed. Petrópolis: Vozes, 2011.

3 – *Die Kirche als Sakrament im Horizont der Welterfahrung*. Paderborn: Verlag Bonifacius-Druckerei, 1972 [Esgotado].

4 – *A nossa ressurreição na morte*. 11. ed. Petrópolis: Vozes, 2011.

5 – *Vida para além da morte*. 25. ed. Petrópolis: Vozes, 2009.

6 – *O destino do homem e do mundo*. 12. ed. Petrópolis: Vozes, 2011.

7 – *Experimentar Deus*. Petrópolis: Vozes, 2010. Publicado em 1974 pela Vozes com o título *Atualidade da experiência de Deus* e em 2002 pela Verus com o título atual.

8 – *Os sacramentos da vida e a vida dos sacramentos*. 28. ed. Petrópolis: Vozes, 2011.

9 – *A vida religiosa e a Igreja no processo de libertação*. 2. ed. Petrópolis: Vozes/CNBB, 1975 [Esgotado].

10 – *Graça e experiência humana*. 7. ed. Petrópolis: Vozes, 2011.

11 – *Teologia do cativeiro e da libertação*. Lisboa: Multinova, 1976 [Reeditado pela Vozes, 1998 (6. ed.)].

12 – *Natal:* a humanidade e a jovialidade de nosso Deus. 8. ed. Petrópolis: Vozes, 2009.

13 – *Ecksiogênese* – As comunidades reinventam a Igreja. 3. ed. Petrópolis: Vozes, 1977 [Reeditado pela Record (Rio de Janeiro), 2008].

14 – *Paixão de Cristo, paixão do mundo.* 7. ed. Petrópolis: Vozes, 2011.

15 – *A fé na periferia do mundo.* 5. ed. Petrópolis: Vozes, 1991 [Esgotado].

16 – *Via-sacra da justiça.* 4. ed. Petrópolis: Vozes, 1978 [Esgotado].

17 – *O rosto materno de Deus.* 11. ed. Petrópolis: Vozes, 2011.

18 – *O Pai-nosso* – A oração da libertação integral. 12. ed. Petrópolis: Vozes, 2009.

19 – *Da libertação* – O teológico das libertações sócio-históricas. 4. ed. Petrópolis: Vozes, 1976 [Esgotado].

20 – *O caminhar da Igreja com os oprimidos.* Rio de Janeiro: Codecri, 1980 [Esgotado – Reeditado pela Vozes (Petrópolis), 1998 (2. ed.)].

21 – *A Ave-Maria* – O feminino e o Espírito Santo. 9. ed. Petrópolis: Vozes, 2009.

22 – *Libertar para a comunhão e participação.* Rio de Janeiro: CRB, 1980 [Esgotado].

23 – *Igreja carisma e poder.* Petrópolis: Vozes, 1981 [Reedição ampliada pela Ática (Rio de Janeiro), 1994 e pela Record (Rio de Janeiro), 2005].

24 – *Crise, oportunidade de crescimento.* Petrópolis: Vozes, 2010. Publicado em 1981 pela Vozes com o título *Vida segundo o Espírito* e em 2002 pela Verus com o título atual.

25 – *Francisco de Assis*— Ternura e vigor. 12. ed. Petrópolis: Vozes, 2009.

26 – *Via-sacra para quem quer viver*. Petrópolis: Vozes, 2011. Publicado em 1982 pela Vozes com o título *Via-sacra da ressurreição* e em 2003 pela Verus com o título atual.

27 – *Mestre Eckhart*: a mística do ser e do não ter. Petrópolis: Vozes, 1983 [Reedição sob o título de *O livro da Divina Consolação*. Petrópolis: Vozes, 2006 (6. ed.)].

28 – *Ética e ecoespiritualidade*. Petrópolis: Vozes, 2010. Publicado em 1984 pela Vozes com o título *Do lugar do pobre* e em 2003 pela Verus com o título atual e com o título *Novas formas da Igreja:* o futuro de um povo a caminho.

29 – *Teologia à escuta do povo*. Petrópolis: Vozes, 1984 [Esgotado].

30 – *A cruz nossa de cada dia*. Petrópolis: Vozes, 2011. Publicado em 1984 pela Vozes com o título *Como pregar a cruz hoje numa sociedade de crucificados* e em 2004 pela Verus com o título atual.

31 – *Teologia da libertação no debate atual*. Petrópolis: Vozes, 1985 [Esgotado].

32 – *Francisco de Assis*. Homem do paraíso. 4. ed. Petrópolis: Vozes, 1999.

33 – *A trindade, a sociedade e a libertação*. 5. ed. Petrópolis: Vozes, 1999.

34 – *E a Igreja se fez povo*. Petrópolis: Vozes, 1986 [Reedição pela Verus (Campinas), 2004, sob o título de *Ética e ecoespiritualidade* (2. ed.), e *Novas formas da Igreja:* o futuro de um povo a caminho (2. ed.)].

35 – *Como fazer Teologia da Libertação?* 10. ed. Petrópolis: Vozes, 2010.

36 – *Die befreiende Botschaft*. Freiburg: Herder, 1987.

37 – *A Santíssima Trindade é a melhor comunidade*. 11. ed. Petrópolis: Vozes, 2009.

38 – *Nova evangelização*: a perspectiva dos pobres. 4. Ed. Petrópolis: Vozes, 1991 [Esgotado].

39 – *La misión del teólogo en la Iglesia*. Estella: Verbo Divino, 1991.

40 – *Seleção de textos espirituais*. Petrópolis: Vozes, 1991 [Esgotado].

41 – *Seleção de textos militantes*. Petrópolis: Vozes, 1991 [Esgotado].

42 – *Con la libertad del Evangelio*. Madri: Nueva Utopia, 1991.

43 – *América Latina:* da conquista à nova evangelização. São Paulo: Ática, 1992.

44 – *Ecologia, mundialização e espiritualidade*. 2. ed. São Paulo: Ática, 1993 [Reedição pela Record (Rio de Janeiro), 2008].

45 – *Mística e espiritualidade* (com Frei Betto). 4. ed. Rio de Janeiro: Rocco, 1994 [Reedição revista e ampliada pela Garamond (Rio de Janeiro), 2005 (6. ed.) e Reedição pela Vozes (Petrópolis), 2010].

46 – *Nova era:* a emergência da consciência planetária. 2. ed. São Paulo: Ática, 1994 [Reedição pela Sextante (Rio de Janeiro), 2003, sob o título de *Civilização planetária:* desafios à sociedade e ao cristianismo].

47 – *Je m'explique*. Paris: Desclée de Brouwer, 1994.

48 – *Ecologia* – Grito da terra, grito dos pobres. 3. ed. São Paulo: Ática, 1995 [Reedição pela Sextante (Rio de Janeiro), 2004].

49 – *Princípio Terra* – A volta à Terra como pátria comum. São Paulo: Ática, 1995 [Esgotado].

50 – (org.) *Igreja:* entre norte e sul. São Paulo: Ática, 1995 [Esgotado].

51 – A *Teologia da Libertação:* balanços e perspectivas (com José Ramos Regidor e Clodovis Boff). São Paulo: Ática, 1996 [Esgotado].

52 – *Brasa sob cinzas.* 5. ed. Rio de Janeiro: Record, 1996.

53 – A *águia e a galinha:* uma metáfora da condição humana. 48. ed. Petrópolis: Vozes, 2010.

54 – *Espírito na saúde* (com Jean-Yves Leloup, Pierre Weil, Roberto Crema). 7. ed. Petrópolis: Vozes, 2008.

55 – *Os terapeutas do deserto* – De Fílon de Alexandria e Francisco de Assis a Graf Dürckheim (com Jean-Yves Leloup). 13. ed. Petrópolis: Vozes, 2010.

56 – O *despertar da Águia:* o dia-bólico e o sim-bólico na construção da realidade. 22. ed. Petrópolis: Vozes 2010.

57 – *Das Prinzip Mitgefühl* – Texte für eine bessere Zukunft. Freiburg: Herder, 1998.

58 – *Saber cuidar* – Ética do humano – compaixão pela terra. 17. ed. Petrópolis: Vozes, 2011.

59 – *Ética da vida.* 3. ed. Brasília: Letraviva, 1999 [Reedição pela Sextante (Rio de Janeiro), 2005, e pela Record (Rio de Janeiro), 2009].

60 – A *oração de São Francisco:* uma mensagem de paz para o mundo atual. 9. ed. Rio de Janeiro: Sextante, 1999 [Reedição pela Vozes (Petrópolis), 2009].

61 – *Depois de 500 anos:* que Brasil queremos? 3. ed. Petrópolis: Vozes, 2003 [Esgotado].

62 – *Voz do arco-íris, 2*. ed. Brasília: Letraviva, 2000 [Reedição pela Sextante (Rio de Janeiro), 2004].

63 – *Tempo de transcendência* – O ser humano como um projeto infinito. 4. ed. Rio de Janeiro: Sextante, 2000 [Reedição pela Vozes (Petrópolis), 2009].

64 – *Ethos mundial*– Consenso mínimo entre os humanos. 2. ed. Brasília: Letraviva, 2000 [Reedição pela Sextante (Rio de Janeiro), 2003 (2. ed.)].

65 – *Espiritualidade*– Um caminho de transformação. 3. ed. Rio de Janeiro: Sextante, 2001.

66 – *Princípio de compaixão e cuidado* (em colaboração com Werner Müller). 4. ed. Petrópolis: Vozes, 2009.

67 – *Globalização:* desafios socioeconômicos, éticos e educativos. 3. ed. Petrópolis: Vozes, 2002 [Esgotado].

68 – *O casamento entre o céu e a terra* – Contos dos povos indígenas do Brasil. Rio de Janeiro: Salamandra, 2001.

69 – *Fundamentalismo:* a globalização e o futuro da humanidade. Rio de Janeiro: Sextante, 2002 [Esgotado].

70 – (com Rose Marie Muraro) *Feminino e masculino:* uma nova consciência para o encontro das diferenças. 5. ed. Rio de Janeiro: Sextante, 2002 [Esgotado].

71 – *Do iceberg à arca de Noé:* o nascimento de uma ética planetária. 2. ed. Rio de Janeiro: Garamond, 2002.

72 – (com Marco Antônio Miranda) *Terra América:* imagens. Rio de Janeiro: Sextante, 2003 [Esgotado].

73 – *Ética e moral:* a busca dos fundamentos. 6. ed. Petrópolis: Vozes, 2010.

74 – *O Senhor é meu Pastor,* consolo divino para o desamparo humano. 3. ed. Rio de Janeiro: Sextante, 2004 [Reedição pela Vozes (Petrópolis), 2010 (2. ed.)].

75 – *Responder florindo*. Rio de Janeiro: Garamond, 2004.

76 – *São José:* a personificação do Pai. 2. ed. Campinas: Verus, 2005 [Reedição pela Vozes (Petrópolis), 2011].

77 – *Virtudes para um outro mundo possível* – Vol. I: Hospitalidade: direito e dever de todos. Petrópolis: Vozes, 2005.

78 – *Virtudes para um outro mundo possível* – Vol. II: Convivência, respeito e tolerância. Petrópolis: Vozes, 2006.

79 – *Virtudes para um outro mundo possível* – Vol. III: Comer e beber juntos e viver em paz. Petrópolis: Vozes, 2006.

80 – *A força da ternura* – Pensamentos para um mundo igualitário, solidário, pleno e amoroso. 3. ed. Rio de Janeiro: Sextante, 2006.

81 – *Ovo da esperança:* o sentido da Festa da Páscoa. Rio de Janeiro: Mar de Ideias, 2007.

82 – (com Lúcia Ribeiro) *Masculino, feminino:* experiências vividas. Rio de Janeiro: Record, 2007.

83 – *Sol da esperança* – Natal: histórias, poesias e símbolos. Rio de Janeiro: Mar de Ideias, 2007.

84 – *Homem:* satã ou anjo bom. Rio de Janeiro: Record, 2008.

85 – (com José Roberto Scolforo) *Mundo eucalipto*. Rio de Janeiro: Mar de Ideias, 2008.

86 – *Opção Terra*. Rio de Janeiro: Record, 2009.

87 – Fundamentalismo, terrorismo, religião e paz. Petrópolis: Vozes, 2009.

88 – Meditação da luz. 2. ed. Petrópolis: Vozes, 2010.

CULTURAL

Administração – Antropologia – Biografias
Comunicação – Dinâmicas e Jogos
Ecologia e Meio Ambiente – Educação e Pedagogia
Filosofia – História – Letras e Literatura
Obras de referência – Política – Psicologia
Saúde e Nutrição – Serviço Social e Trabalho
Sociologia

CATEQUÉTICO PASTORAL

Catequese – Pastoral
Ensino religioso

TEOLÓGICO ESPIRITUAL

Biografias – Devocionários – Espiritualidade e Mística
Espiritualidade Mariana – Franciscanismo
Autoconhecimento – Liturgia – Obras de referência
Sagrada Escritura e Livros Apócrifos – Teologia

REVISTAS

Concilium – Estudos Bíblicos – Grande Sinal – REB
RIBLA – SEDOC

VOZES NOBILIS

O novo segmento de publicações
da Editora Vozes.

PRODUTOS SAZONAIS

Folhinha do Sagrado Coração de Jesus
Calendário de Mesa do Sagrado Coração de Jesus
Almanaque Santo Antônio – Agendinha
Diário Vozes – Meditações para o dia a dia
Guia do Dizimista

CADASTRE-SE
www.vozes.com.br

EDITORA VOZES LTDA.
Rua Frei Luís, 100 – Centro – Cep 25689-900 – Petrópolis, RJ – Tel.: (24) 2233-9000 – Fax: (24) 2231-4676 –
E-mail: vendas@vozes.com.br

UNIDADES NO BRASIL: Aparecida, SP – Belo Horizonte, MG – Boa Vista, RR – Brasília, DF – Campinas, SP –
Campos dos Goytacazes, RJ – Cuiabá, MT – Curitiba, PR – Florianópolis, SC – Fortaleza, CE – Goiânia, GO –
Juiz de Fora, MG – Londrina, PR – Manaus, AM – Natal, RN – Petrópolis, RJ – Porto Alegre, RS – Recife, PE –
Rio de Janeiro, RJ – Salvador, BA – São Luís, MA – São Paulo, SP
UNIDADE NO EXTERIOR: Lisboa – Portugal